LIVRE DE RECETTES DE CRÈME GLACÉE FAITE MAISON

100 RECETTES FACILES ET DÉLICIEUSES DE CRÈMES GLACÉES ET DE YAOURTS GLACÉS TRADITIONNELS.

FRÉDÉRIQUE SAUVETERRE

Avertissement

Les informations contenues dans cet eBook sont destinées à servir de collection complète de stratégies sur lesquelles l'auteur de cet eBook a effectué des recherches. Les résumés, stratégies, trucs et astuces ne sont que des recommandations de l'auteur, et la lecture de cet eBook ne garantit pas que les résultats reflètent exactement les résultats de l'auteur. L'auteur du livre électronique a fait tous les efforts raisonnables pour fournir des informations à jour et exactes aux lecteurs du livre électronique. L'auteur et ses associés ne sauraient être tenus responsables de toute erreur ou omission involontaire qui pourrait être constatée. Le contenu du livre électronique peut inclure des informations provenant de tiers. Les documents de tiers comprennent les opinions exprimées par leurs propriétaires. En tant que tel, l'auteur du livre électronique n'assume aucune responsabilité pour tout matériel ou opinion de tiers.

TABLE DES MATIÈRES

INTRODUCTION

Les desserts glacés ont de la personnalité à revendre. La crème sucrée qui s'égoutte lentement d'une cuillère congelée transforme un gâteau ou une sauce au moment où elle le touche. La crème riche en matière grasse absorbe les parfums et les saveurs et les transporte jusqu'à votre nez. Tout ce que la crème glacée touche devient plus riche, plus savoureux, plus profondément perçu. De plus, la crème glacée vous encourage à vivre l'instant présent. Il fond et change à chaque seconde, il faut y prêter attention, ou il disparaît.

Dans ces pages, vous trouverez quelques recettes solides que vous utiliserez encore et encore et modifierez selon la saison, le menu ou votre caprice. Chaque dessert est phénoménal en saveur et en texture, et chaque recette est conçue spécifiquement pour la cuisine familiale. Bien que je ne déclare pas que chaque recette de ce livre est rapide et facile (même si beaucoup le sont), je dirai qu'elles sont aussi simples que nous pouvons les préparer et que les résultats en valent vraiment la peine. Vous pouvez les habiller vers le haut ou vers le bas, selon la façon dont vous les préparez ou la crème glacée que vous servez avec eux.

CRÈME GLACÉE

1. Crème glacée à la crème sucrée

Donne environ 1 litre

Ingrédients:

- 2⅔ tasses de lait entier

- 1 cuillère à soupe plus 2 cuillères à café de fécule de maïs

- 2 onces (4 cuillères à soupe) de fromage à la crème, ramolli

- ⅛ cuillère à café de sel de mer fin

- 1½ tasse de crème épaisse

- ¾ tasse de sucre

- ¼ tasse de sirop de maïs léger

Les directions:

a) Mélanger environ 2 cuillères à soupe de lait avec la fécule de maïs dans un petit bol pour faire une pâte lisse.

b) Fouetter le fromage à la crème et le sel dans un bol moyen jusqu'à consistance lisse.

c) Remplissez un grand bol de glace et d'eau.

d) Cuire Mélanger le reste du lait, la crème, le sucre et le sirop de maïs dans une casserole de 4 pintes, porter à ébullition à feu moyen-vif et faire bouillir pendant 4 minutes. Retirer du feu et incorporer progressivement la purée de fécule de maïs. Ramener le mélange à ébullition à feu moyen-élevé et cuire, en remuant avec une spatule résistante à la chaleur, jusqu'à ce qu'il épaississe légèrement, environ 1 minute. Retirer du feu.

e) Refroidir Incorporer graduellement le mélange de lait chaud au fromage à la crème jusqu'à consistance lisse. Versez le mélange dans un sac de congélation Ziplock de 1 gallon et plongez le sac scellé dans le bain de glace. Laisser reposer, en ajoutant plus de glace au besoin, jusqu'à ce qu'il soit froid, environ 30 minutes.

f) Congeler Retirez la boîte congelée du congélateur, assemblez votre machine à crème glacée et allumez-la. Versez la base de crème glacée dans la boîte et tournez jusqu'à consistance épaisse et crémeuse.

g) Emballez la crème glacée dans un récipient de stockage. Presser une feuille de parchemin directement contre la surface et sceller avec un couvercle hermétique. Congeler dans la partie la plus froide de votre congélateur jusqu'à consistance ferme, au moins 4 heures.

h) Pour ajouter des variétés : Pour superposer des confitures ou des sauces dans de la crème glacée, commencez par en verser une cuillerée au fond du récipient de stockage et étalez une couche de crème glacée dessus. Ajoutez quelques cuillerées supplémentaires dans les recoins de la crème glacée, puis ajoutez une autre couche de crème glacée.

i) Continuer la superposition de sauce et de crème glacée jusqu'à ce que toute la crème glacée soit utilisée. La sauce ne doit pas couvrir toute la couche.

2. Glace Absinthe & Meringue

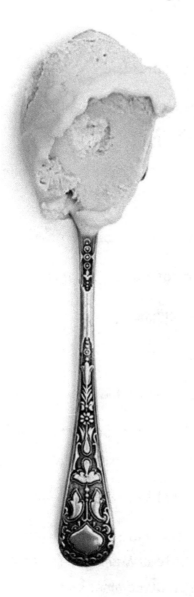

Donne environ 1 litre

Ingrédients:

- 2⅔ tasses de lait entier

- 1 cuillère à soupe plus 2 cuillères à café de fécule de maïs

- 2 onces (4 cuillères à soupe) de fromage à la crème, ramolli

- ½ cuillère à café de poudre de matcha

- ⅛ cuillère à café de sel de mer fin

- 1½ tasse de crème épaisse

- ¾ tasse de sucre

- ¼ tasse de sirop de maïs léger

- 1¼ tasse d'absinthe, de Pernod ou de pastis

- ½ cuillère à café d'extrait d'anis

- 1 tasse de meringue émiettée (environ de pouce) de Gâteau Meringué (environ 1 Meringue) ou du commerce

Les directions:

a) Mélanger environ 2 cuillères à soupe de lait avec la fécule de maïs dans un petit bol pour faire une pâte lisse.

b) Fouetter le fromage à la crème, le matcha et le sel dans un bol moyen jusqu'à consistance lisse.

c) Remplissez un grand bol de glace et d'eau.

d) Cuire Mélanger le reste du lait, la crème, le sucre et le sirop de maïs dans une casserole de 4 pintes, porter à ébullition à feu moyen-vif et faire bouillir pendant 4 minutes. Retirer du feu et incorporer progressivement la purée de fécule de maïs. Ramener le mélange à ébullition à feu moyen-élevé et cuire, en remuant avec une spatule résistante à la chaleur, jusqu'à ce qu'il épaississe légèrement, environ 1 minute. Retirer du feu.

e) Refroidir Incorporer graduellement le mélange de lait chaud au fromage à la crème jusqu'à consistance lisse. Versez le mélange dans un sac de congélation Ziplock de 1 gallon et plongez le sac scellé dans le bain de glace. Laisser reposer, en ajoutant plus de glace au besoin, jusqu'à ce qu'il soit froid, environ 30 minutes.

f) Congeler Retirez la boîte congelée du congélateur, assemblez votre machine à crème glacée et allumez-la. Versez la base de crème glacée dans la boîte et tournez jusqu'à consistance épaisse et crémeuse.

g) Emballez la crème glacée dans un récipient de stockage. Incorporer l'absinthe et l'extrait d'anis et incorporer les morceaux de meringue au fur et à mesure. Presser une feuille de parchemin directement contre la surface et sceller avec un couvercle hermétique. Congeler dans la partie la plus froide de votre congélateur jusqu'à

3. Crème glacée au gâteau forêt-noire

Donne environ 1 litre

Ingrédients:

- ⅔ tasse de miettes de $\frac{1}{2}$ pouce

- $\frac{1}{4}$ tasse Sauce Au Chocolat Coulant, réfrigéré

- $\frac{1}{2}$ tasse de cerises Amarena

- $1\frac{1}{4}$ tasse de crème épaisse

- 2 cuillères à soupe de fécule de maïs

- 3 onces (6 cuillères à soupe) de fromage à la crème, ramolli

- $\frac{1}{4}$ cuillère à café de sel de mer fin

- ⅔ tasse de sucre

- 2 cuillères à soupe de sirop de maïs léger

- 2 tasses de babeurre, de lait entier ou de lait 2%

Les directions:

a) Mettez les miettes de gâteau dans un petit bol, ajoutez la sauce au chocolat et mélangez légèrement pour enrober, puis ajoutez les cerises Amarena et remuez pour bien répartir. Congelez pendant que vous faites la crème glacée. (Le mélange à gâteau peut être congelé jusqu'à 1 mois.)

b) Mélanger environ $\frac{1}{4}$ tasse de crème avec la fécule de maïs dans un petit bol pour faire une pâte lisse.

c) Fouetter le fromage à la crème et le sel dans un bol moyen jusqu'à consistance lisse.

d) Remplissez un grand bol de glace et d'eau.

e) Cuire Mélanger le reste de la crème, le sucre et le sirop de maïs dans une casserole de 4 pintes, porter à ébullition à feu moyen-vif et faire bouillir pendant 4 minutes. Retirer du feu et incorporer progressivement la purée de fécule de maïs. Ramener le mélange à ébullition à feu moyen-élevé et cuire, en remuant avec une spatule résistante à la chaleur, jusqu'à ce qu'il épaississe légèrement, environ 20 secondes. Retirer du feu.

f) Refroidir Incorporer graduellement le mélange de lait chaud au fromage à la crème jusqu'à consistance lisse, puis incorporer le babeurre. Versez le mélange dans un sac Ziplock de 1 gallon et plongez le sac scellé dans le bain de glace. Laisser reposer, en ajoutant plus de glace au besoin, jusqu'à ce qu'il soit froid, environ 30 minutes.

g) Congeler Retirez la boîte congelée du congélateur, assemblez votre machine à crème glacée et allumez-la. Versez la base de crème glacée dans la boîte et tournez jusqu'à consistance épaisse et crémeuse.

h) Mettez la crème glacée dans un récipient de stockage, en alternant la crème glacée et de petites cuillerées du mélange à gâteau. Presser une feuille de parchemin directement contre la surface et sceller avec un couvercle hermétique. Congeler dans la partie la plus froide de votre congélateur jusqu'à consistance ferme, au moins 4 heures.

4. Crème glacée au fromage et à la confiture de goyave

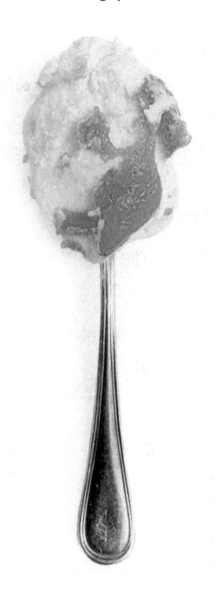

Donne environ 1 litre

Ingrédients:

- 2⅔ tasses de lait entier

- 1 cuillère à soupe plus 2 cuillères à café
  de fécule de maïs

- 6 onces ($\frac{3}{4}$ tasse) de fromage à la crème,
  ramolli

- $\frac{1}{8}$ cuillère à café de sel de mer fin

- 1$\frac{1}{2}$ tasse de crème épaisse

- $\frac{3}{4}$ tasse de sucre

- $\frac{1}{4}$ tasse de sirop de maïs léger

- $\frac{1}{2}$ tasse Confiture de goyave

Les directions:

a) Mélanger environ 2 cuillères à soupe de
   lait avec la fécule de maïs dans un petit
   bol pour faire une pâte lisse.

b) Fouetter le fromage et le sel dans un bol
   moyen jusqu'à consistance lisse.

c) Remplissez un grand bol de glace et d'eau.

d) Cuire Mélanger le reste du lait, la crème, le sucre et le sirop de maïs dans une casserole de 4 pintes, porter à ébullition à feu moyen-vif et faire bouillir pendant 4 minutes. Retirer du feu et incorporer progressivement la purée de fécule de maïs. Ramener le mélange à ébullition à feu moyen-élevé et cuire, en remuant avec une spatule résistante à la chaleur, jusqu'à ce qu'il épaississe légèrement, environ 1 minute. Retirer du feu.

e) Refroidir Incorporer graduellement le mélange de lait chaud au fromage jusqu'à consistance lisse. Versez le mélange dans un sac de congélation Ziplock de 1 gallon et plongez le sac scellé dans le bain de glace. Laisser reposer, en ajoutant plus de glace au besoin, jusqu'à ce qu'il soit froid, environ 30 minutes.

f) Congeler Retirez la boîte congelée du congélateur, assemblez votre machine à crème glacée et allumez-la. Verser la base de crème glacée dans le récipient congelé et faire tourner jusqu'à consistance épaisse et crémeuse.

g) Emballez la crème glacée dans un récipient de stockage, en superposant la confiture au fur et à mesure. Presser une feuille de parchemin directement contre la surface et sceller avec un couvercle hermétique. Congeler dans la partie la plus froide de votre congélateur jusqu'à consistance ferme, au moins 4 heures.

5. Biscuits à la crème avec confiture de pêches

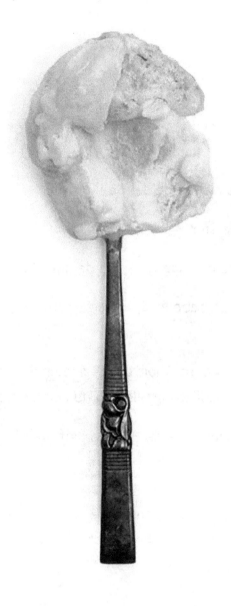

Donne environ 1 litre

Ingrédients:

- $1\frac{1}{4}$ tasse de crème épaisse

- 2 cuillères à soupe de fécule de maïs

- 3 onces (6 cuillères à soupe) de fromage à la crème, ramolli

- $\frac{1}{4}$ cuillère à café de sel de mer fin

- $\frac{2}{3}$ tasse de sucre

- 2 cuillères à soupe de sirop de maïs léger

- 2 tasses de babeurre, de lait entier ou de lait 2%

- $\frac{1}{2}$ tasse émietté Shortcakes à la crème sucrée, biscuits surgelés ou du commerce

- $\frac{1}{4}$ tasse Confiture de Pêches, réfrigéré

Les directions:

a) Mélanger environ $\frac{1}{4}$ tasse de crème avec la fécule de maïs dans un petit bol pour faire une pâte lisse.

b) Fouetter le fromage à la crème et le sel dans un bol moyen jusqu'à consistance lisse.

c) Remplissez un grand bol de glace et d'eau.

d) Cuire Mélanger le reste de la crème, le sucre et le sirop de maïs dans une casserole de 4 pintes, porter à ébullition à feu moyen-vif et faire bouillir pendant 4 minutes. Retirer du feu et incorporer progressivement la purée de fécule de maïs. Ramener le mélange à ébullition à feu moyen-élevé et cuire, en remuant avec une spatule résistante à la chaleur, jusqu'à ce qu'il épaississe légèrement, environ 20 secondes. Retirer du feu.

e) Refroidir Incorporer graduellement le mélange de lait chaud au fromage à la crème jusqu'à consistance lisse. Incorporer le babeurre.

f) Versez le mélange dans un sac Ziplock de 1 gallon et plongez le sac scellé dans le bain de glace. Laisser reposer, en

ajoutant plus de glace au besoin, jusqu'à
ce qu'il soit froid, environ 30 minutes.

g) Congeler Retirez la boîte congelée du
congélateur, assemblez votre machine à
crème glacée et allumez-la. Verser la
base de crème glacée dans le récipient
congelé et faire tourner jusqu'à
consistance épaisse et crémeuse.

h) Mettez la crème glacée dans un récipient
de stockage, en mélangeant les biscuits
émiettés et la confiture au fur et à
mesure.

i) Presser une feuille de parchemin
directement contre la surface et sceller
avec un couvercle hermétique. Congeler
dans la partie la plus froide de votre
congélateur jusqu'à consistance ferme,
au moins 4 heures.

6. Caramel au cumin et au miel

Donne environ 1 litre

Ingrédients:

- 2⅔ tasses de lait entier

- 1 cuillère à soupe plus 2 cuillères à café de fécule de maïs

- 2 onces (4 cuillères à soupe) de fromage à la crème, ramolli

- ¼ cuillère à café de sel de mer fin

- 1 cuillère à café de curcuma (pour la couleur, facultatif)

- ¼ cuillère à café de cumin moulu

- ½ tasse de miel

- 1½ tasse de crème épaisse

- ½ tasse) de sucre

- 4 gouttes d'arôme naturel de beurre

Les directions:

a) Mélanger environ 2 cuillères à soupe de lait avec la fécule de maïs dans un petit bol pour faire une pâte lisse.

b) Fouetter le fromage à la crème, le sel, le curcuma, si utilisé, et le cumin dans un bol moyen jusqu'à consistance lisse.

c) Remplissez un grand bol de glace et d'eau.

d) Cuire Faites chauffer le miel dans une casserole de 4 pintes à feu moyen-élevé jusqu'à ce qu'il commence à bouillir et commence à fumer. Retirer la casserole du feu et incorporer environ $\frac{1}{4}$ de tasse de crème. Ajouter lentement le reste de la crème en remuant jusqu'à ce qu'elle soit incorporée.

e) Ajouter le reste du lait et le sucre dans la casserole, porter à ébullition à feu moyen-vif et faire bouillir pendant 4 minutes. Retirer du feu et incorporer progressivement la purée de fécule de maïs.

f) Ramener le mélange à ébullition à feu moyen-élevé et cuire, en remuant avec une spatule résistante à la chaleur, jusqu'à ce qu'il épaississe légèrement, environ 1 minute. Retirer du feu.

g) Refroidir Incorporer graduellement le mélange de lait chaud au fromage à la crème jusqu'à consistance lisse. Versez le mélange dans un sac de congélation Ziplock de 1 gallon et plongez le sac scellé dans le bain de glace. Laisser reposer, en ajoutant plus de glace au besoin, jusqu'à ce qu'il soit froid, environ 30 minutes. Incorporer l'arôme de beurre.

h) Congeler Retirez la boîte congelée du congélateur, assemblez votre machine à crème glacée et allumez-la. Versez la base de crème glacée dans la boîte et tournez jusqu'à consistance épaisse et crémeuse.

i) Emballez la crème glacée dans un récipient de stockage. Presser une feuille de parchemin directement contre la surface et sceller avec un couvercle hermétique. Congeler dans la partie la plus froide de votre congélateur jusqu'à consistance ferme, au moins 4 heures.

7. Crème glacée au genièvre et au citron

Donne environ 1 litre

Ingrédients:

- 2⅔ tasses de lait entier

- 1 cuillère à soupe plus 2 cuillères à café de fécule de maïs

- 2 onces (4 cuillères à soupe) de fromage à la crème, ramolli

- ⅛ cuillère à café de sel de mer fin

- 1½ tasse de crème épaisse

- ¾ tasse de sucre

- ¼ tasse de sirop de maïs léger

- 1 à 2 gouttes d'huile essentielle de genièvre

- ⅔ tasse Crème de citron

Les directions:

a) Mélanger environ 2 cuillères à soupe de lait avec la fécule de maïs dans un petit bol pour faire une pâte lisse.

b) Fouetter le fromage à la crème et le sel dans un bol moyen jusqu'à consistance lisse.

c) Remplissez un grand bol de glace et d'eau.

d) Cuire Mélanger le reste du lait, la crème, le sucre et le sirop de maïs dans une casserole de 4 pintes, porter à ébullition à feu moyen-vif et faire bouillir pendant 4 minutes. Retirer du feu et incorporer progressivement la purée de fécule de maïs. Ramener le mélange à ébullition à feu moyen-élevé et cuire, en remuant avec une spatule résistante à la chaleur, jusqu'à ce qu'il épaississe légèrement, environ 1 minute. Retirer du feu.

e) Refroidir Incorporer graduellement le mélange de lait chaud au fromage à la crème jusqu'à consistance lisse. Versez le mélange dans un sac de congélation Ziplock de 1 gallon et plongez le sac scellé dans le bain de glace. Laisser reposer, en ajoutant plus de glace au

besoin, jusqu'à ce qu'il soit froid, environ 30 minutes.

f) Congeler Retirez la boîte congelée du congélateur, assemblez votre machine à crème glacée et allumez-la. Versez la base de crème glacée dans le pot et ajoutez l'huile de genièvre. Tourner jusqu'à consistance épaisse et crémeuse.

g) Emballez la crème glacée dans un récipient de stockage, en superposant la crème au citron au fur et à mesure. Presser une feuille de parchemin directement contre la surface et sceller avec un couvercle hermétique. Congeler dans la partie la plus froide de votre congélateur jusqu'à consistance ferme, au moins 4 heures.

8. Glace Chocolat & Whisky

Donne environ 1 litre

Ingrédients:

Pâte De Chocolat

- $\frac{1}{2}$ tasse de café infusé (toute température)

- $\frac{1}{4}$ tasse) de sucre

- $\frac{2}{3}$ tasse de poudre de cacao hollandaise

- $1\frac{1}{2}$ onces de chocolat non sucré, haché finement

Base de crème glacée

- $2\frac{2}{3}$ tasses de lait entier

- 1 cuillère à soupe plus 2 cuillères à café de fécule de maïs

- 2 onces (4 cuillères à soupe) de fromage à la crème, ramolli

- $\frac{1}{8}$ cuillère à café de sel de mer fin

- $1\frac{1}{2}$ tasse de crème épaisse

- $\frac{3}{4}$ tasse de sucre

- 3 cuillères à soupe de sirop de maïs léger

- 3 cuillères à soupe de graines de carvi, légèrement écrasées

- $\frac{1}{2}$ tasse de whisky de seigle

Les directions:

a) Mélanger le café, le sucre et le cacao dans une petite casserole, porter à ébullition à feu moyen et faire bouillir pendant 30 secondes, en remuant pour dissoudre le sucre. Retirer du feu et ajouter le chocolat. Laisser reposer quelques minutes, puis remuer jusqu'à consistance très lisse.

b) Mélanger environ 2 cuillères à soupe de lait avec la fécule de maïs dans un petit bol pour faire une pâte lisse.

c) Fouetter le fromage à la crème, la pâte de chocolat chaude et le sel dans un bol moyen jusqu'à consistance lisse.

d) Remplissez un grand bol de glace et d'eau.

e) Cuire Mélanger le reste du lait, la crème, le sucre et le sirop de maïs dans une casserole de 4 pintes et porter à ébullition à feu moyen-vif. Incorporer les graines de carvi et faire bouillir pendant 4 minutes. Retirer du feu et incorporer progressivement la purée de fécule de maïs. Ramener le mélange à ébullition à feu moyen-élevé et cuire, en remuant avec une spatule résistante à la chaleur, jusqu'à ce qu'il épaississe légèrement, environ 1 minute. Retirer du feu.

f) Refroidir Incorporer graduellement le mélange de lait chaud au mélange de fromage à la crème jusqu'à consistance lisse. Incorporer le whisky. Versez le mélange dans un sac de congélation Ziplock de 1 gallon et plongez le sac scellé dans le bain de glace. Laisser reposer, en ajoutant plus de glace au besoin, jusqu'à ce qu'il soit froid, environ 30 minutes.

g) Congeler Retirez la boîte congelée du congélateur, assemblez votre machine à crème glacée et allumez-la. Verser la base de crème glacée dans le récipient

congelé et faire tourner jusqu'à
consistance épaisse et crémeuse.

h) Emballez la crème glacée dans un
récipient de stockage. Presser une
feuille de parchemin directement contre
la surface et sceller avec un couvercle
hermétique. Congeler dans la partie la
plus froide de votre congélateur jusqu'à
consistance ferme, au moins 4 heures.

9. Crème glacée à la noix de coco et à la
   cajeta

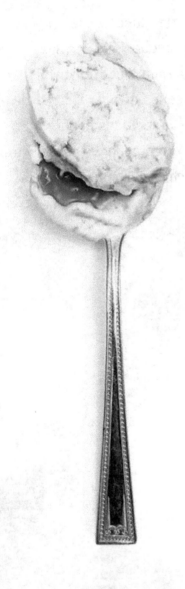

Donne environ 1 litre

Ingrédients:

- $\frac{1}{2}$ tasse de flocons de noix de coco non sucrés

- 2⅔tasses de lait entier

- 1 cuillère à soupe plus 2 cuillères à café de fécule de maïs

- 2 onces (4 cuillères à soupe) de fromage à la crème, ramolli

- $\frac{1}{8}$ cuillère à café de sel de mer fin

- 1$\frac{1}{2}$ tasse de crème épaisse

- $\frac{3}{4}$ tasse de sucre

- $\frac{1}{4}$ tasse de sirop de maïs léger

- 2 à 3 gouttes d'extrait de noix de coco (facultatif)

- ⅓tasse Cajeta

Les directions:

a) Préchauffer le four à 325 °F.

b) Étaler la noix de coco sur une plaque à pâtisserie. Faire griller pendant 10 minutes, puis retirer du four et mélanger avec une spatule résistante à la chaleur, en veillant à amener les bords extérieurs de la noix de coco vers la partie intérieure la moins grillée. Étaler et griller 5 minutes de plus, puis mélanger à nouveau. Répétez jusqu'à ce que la noix de coco soit uniformément dorée et très parfumée. Sortir du four et laisser refroidir complètement.

c) Mélanger environ 2 cuillères à soupe de lait avec la fécule de maïs dans un petit bol pour faire une pâte lisse.

d) Fouetter le fromage à la crème et le sel dans un bol moyen jusqu'à consistance lisse.

e) Remplissez un grand bol de glace et d'eau.

f) Cuire Mélanger le reste du lait, la crème, le sucre et le sirop de maïs dans une casserole de 4 pintes, porter à ébullition à feu moyen-vif et faire bouillir pendant

4 minutes. Retirer du feu et incorporer progressivement la purée de fécule de maïs. Ramener le mélange à ébullition à feu moyen-élevé et cuire, en remuant avec une spatule résistante à la chaleur, jusqu'à ce qu'il épaississe légèrement, environ 1 minute. Retirer du feu.

g) Refroidir Incorporer graduellement le mélange de lait chaud au fromage à la crème jusqu'à consistance lisse. Ajouter l'extrait de noix de coco, si vous en utilisez. Versez le mélange dans un sac de congélation Ziplock de 1 gallon et plongez le sac scellé dans le bain de glace. Laisser reposer, en ajoutant plus de glace au besoin, jusqu'à ce qu'il soit froid, environ 30 minutes.

h) Congeler Retirez la boîte congelée du congélateur, assemblez votre machine à crème glacée et allumez-la. Versez la base de crème glacée dans la boîte et tournez jusqu'à consistance épaisse et crémeuse.

i) Emballez la crème glacée dans un récipient de stockage, mélangez la noix de coco grillée et superposez la sauce au fur et à mesure. Presser une feuille de parchemin directement contre la surface et sceller avec un couvercle hermétique. Congeler dans la partie la plus froide de votre congélateur jusqu'à consistance ferme, au moins 4 heures.

10. Crème glacée à la racinette

Donne environ 1 litre

Ingrédients:

- 2⅔tasses de lait entier

- 1 cuillère à soupe plus 2 cuillères à café
  de fécule de maïs

- 2 onces (4 cuillères à soupe) de fromage
  à la crème, ramolli

- ⅛ cuillère à café de sel de mer fin

- 1½ tasse de crème épaisse

- ¾ tasse de sucre

- ¼ tasse de sirop de maïs léger

- 2 cuillères à soupe de concentré de bière
  de racine

Les directions:

a) Mélanger environ 2 cuillères à soupe de
   lait avec la fécule de maïs dans un petit
   bol pour faire une pâte lisse.

b) Fouetter le fromage à la crème et le sel
   dans un bol moyen jusqu'à consistance
   lisse.

c) Remplissez un grand bol de glace et d'eau.

d) Cuire Mélanger le reste du lait, la crème, le sucre et le sirop de maïs dans une casserole de 4 pintes, porter à ébullition à feu moyen-vif et faire bouillir pendant 4 minutes. Retirer du feu et incorporer progressivement la purée de fécule de maïs. Ramener le mélange à ébullition à feu moyen-élevé et cuire, en remuant avec une spatule résistante à la chaleur, jusqu'à ce qu'il épaississe légèrement, environ 1 minute. Retirer du feu.

e) Refroidir Incorporer graduellement le mélange de lait chaud au fromage à la crème jusqu'à consistance lisse. Ajouter le concentré de root beer. Versez le mélange dans un sac de congélation Ziplock de 1 gallon et plongez le sac scellé dans le bain de glace. Laisser reposer, en ajoutant plus de glace au besoin, jusqu'à ce qu'il soit froid, environ 30 minutes.

f) Congeler Retirez la boîte congelée du congélateur, assemblez votre machine à crème glacée et allumez-la. Verser la base de crème glacée dans le récipient congelé et faire tourner jusqu'à consistance épaisse et crémeuse.

g) Emballez la crème glacée dans un récipient de stockage. Presser une feuille de parchemin directement contre la surface et sceller avec un couvercle hermétique. Congeler dans la partie la plus froide de votre congélateur jusqu'à consistance ferme, au moins 4 heures.

11. Glace Magnolia Mochi

Donne environ 1 litre

Ingrédients:

- 2⅔ tasses de lait entier

- 1 cuillère à soupe plus 2 cuillères à café de fécule de maïs

- 2 onces (4 cuillères à soupe) de fromage à la crème, ramolli

- 1 cuillère à soupe de poudre de betterave rouge (pour la couleur, voir Sources; optionnel)

- $\frac{1}{4}$ cuillère à café de curcuma (pour la couleur, facultatif)

- $\frac{1}{8}$ cuillère à café de sel de mer fin

- 1$\frac{1}{2}$ tasse de crème épaisse

- $\frac{3}{4}$ tasse de sucre

- $\frac{1}{4}$ tasse de sirop de maïs léger

- 1 à 2 gouttes d'huile essentielle de magnolia

- $\frac{1}{2}$ tasse de cubes de $\frac{1}{8}$ de pouce Gâteau Mochi, gelé

Les directions:

a) Mélanger environ 2 cuillères à soupe de lait avec la fécule de maïs dans un petit bol pour faire une pâte lisse.

b) Fouetter le fromage à la crème, la poudre de betterave et le curcuma si utilisé, et le sel dans un bol moyen jusqu'à consistance lisse.

c) Remplissez un grand bol de glace et d'eau.

d) Cuire Mélanger le reste du lait, la crème, le sucre et le sirop de maïs dans une casserole de 4 pintes, porter à ébullition à feu moyen-vif et faire bouillir pendant 4 minutes. Retirer du feu et incorporer progressivement la purée de fécule de maïs. Ramener le mélange à ébullition à feu moyen-élevé et cuire, en remuant avec une spatule résistante à la chaleur, jusqu'à ce qu'il épaississe légèrement, environ 1 minute. Retirer du feu.

e) Refroidir Incorporer graduellement le mélange de lait chaud au fromage à la crème jusqu'à consistance lisse. Versez le mélange dans un sac de congélation Ziplock de 1 gallon et plongez le sac scellé dans le bain de glace. Laisser reposer, en ajoutant plus de glace au besoin, jusqu'à ce qu'il soit froid, environ 30 minutes.

f) Congeler Retirez la boîte congelée du congélateur, assemblez votre machine à crème glacée et allumez-la. Versez la base de crème glacée dans la boîte, ajoutez l'huile essentielle de magnolia et faites tourner jusqu'à consistance épaisse et crémeuse.

g) Mettez la crème glacée dans un récipient de stockage, en mélangeant les cubes de gâteau au fur et à mesure. Presser une feuille de parchemin directement contre la surface et sceller avec un couvercle hermétique. Congeler dans la partie la plus froide de votre congélateur jusqu'à consistance ferme, au moins 4 heures.

12. Crème glacée aux biscuits Graham

Donne environ 1 litre

Ingrédients:

- 2⅔ tasses de lait entier

- 1 cuillère à soupe plus 2 cuillères à café de fécule de maïs

- 2 onces (4 cuillères à soupe) de fromage à la crème, ramolli

- $\frac{1}{8}$ cuillère à café de sel de mer fin

- $1\frac{1}{2}$ tasse de crème épaisse

- $\frac{3}{4}$ tasse de sucre

- $\frac{1}{4}$ tasse de sirop de maïs léger

- $\frac{1}{2}$ tasse de biscuits Graham hachés grossièrement

Les directions:

a) Mélanger environ 2 cuillères à soupe de lait avec la fécule de maïs dans un petit bol pour faire une pâte lisse.

b) Fouetter le fromage à la crème et le sel dans un bol moyen jusqu'à consistance lisse.

c) Remplissez un grand bol de glace et d'eau.

d) Cuire Mélanger le reste du lait, la crème, le sucre et le sirop de maïs dans une casserole de 4 pintes, porter à ébullition à feu moyen-vif et faire bouillir pendant 4 minutes. Retirer du feu et incorporer progressivement la purée de fécule de maïs. Ramener le mélange à ébullition à feu moyen-élevé et cuire, en remuant avec une spatule résistante à la chaleur, jusqu'à ce qu'il épaississe légèrement, environ 1 minute. Retirer du feu.

e) Refroidir Incorporer graduellement le mélange de lait chaud au fromage à la crème jusqu'à consistance lisse. Ajouter les craquelins et laisser infuser le mélange jusqu'à ce que les craquelins se dissolvent, environ 3 minutes. Forcez le mélange à travers un tamis, puis versez-le dans un sac de congélation Ziplock de 1 gallon et plongez le sac scellé dans le bain de glace. Laisser reposer, en ajoutant plus de glace au besoin, jusqu'à ce qu'il soit froid, environ 30 minutes.

f) Congeler Retirez la boîte congelée du congélateur, assemblez votre machine à crème glacée et allumez-la. Verser la base de crème glacée dans le récipient congelé et faire tourner jusqu'à consistance épaisse et crémeuse.

g) Emballez la crème glacée dans un récipient de stockage. Presser une feuille de parchemin directement contre la surface et sceller avec un couvercle hermétique. Congeler dans la partie la plus froide de votre congélateur jusqu'à consistance ferme, au moins 4 heures.

13. Crème glacée aux biscuits Graham au fromage

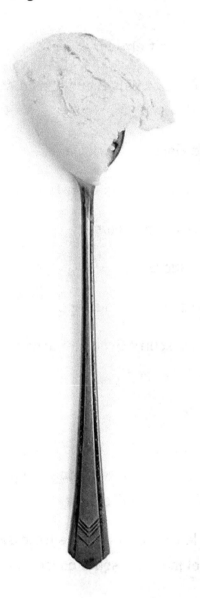

Donne environ 1 litre

Ingrédients:

- 2⅔ tasses de lait entier

- 1 cuillère à soupe plus 2 cuillères à café de fécule de maïs

- 2 onces de Gorgonzola dolce

- ⅛ cuillère à café de sel de mer fin

- 1½ tasse de crème épaisse

- ¾ tasse de sucre

- ¼ tasse de sirop de maïs léger

- ½ tasse de biscuits Graham hachés grossièrement

Les directions:

a) Mélanger environ 2 cuillères à soupe de lait avec la fécule de maïs dans un petit bol pour faire une pâte lisse.

b) Fouetter le Gorgonzola dolce et le sel dans un bol moyen jusqu'à consistance lisse.

c) Remplissez un grand bol de glace et d'eau.

d) Cuire Mélanger le reste du lait, la crème, le sucre et le sirop de maïs dans une casserole de 4 pintes, porter à ébullition à feu moyen-vif et faire bouillir pendant 4 minutes. Retirer du feu et incorporer progressivement la purée de fécule de maïs. Ramener le mélange à ébullition à feu moyen-élevé et cuire, en remuant avec une spatule résistante à la chaleur, jusqu'à ce qu'il épaississe légèrement, environ 1 minute. Retirer du feu.

e) Refroidir Incorporer graduellement le mélange de lait chaud au fromage à la crème jusqu'à consistance lisse. Ajouter les craquelins et laisser infuser le mélange jusqu'à ce que les craquelins se dissolvent, environ 3 minutes. Forcez le mélange à travers un tamis, puis versez-le dans un sac de congélation Ziplock de 1 gallon et plongez le sac scellé dans le bain de glace. Laisser reposer, en ajoutant plus de glace au besoin, jusqu'à ce qu'il soit froid, environ 30 minutes.

f) Congeler Retirez la boîte congelée du congélateur, assemblez votre machine à crème glacée et allumez-la. Verser la base de crème glacée dans le récipient congelé et faire tourner jusqu'à consistance épaisse et crémeuse.

g) Emballez la crème glacée dans un récipient de stockage. Presser une feuille de parchemin directement contre la surface et sceller avec un couvercle hermétique. Congeler dans la partie la plus froide de votre congélateur jusqu'à consistance ferme, au moins 4 heures.

14. Glace au babeurre au miel

Donne environ 1 litre

Ingrédients:

- 2 tasses de babeurre

- 1 cuillère à soupe plus 2 cuillères à café de fécule de maïs

- 2 onces (4 cuillères à soupe) de fromage à la crème, ramolli

- $\frac{1}{4}$ cuillère à café de sel de mer fin

- $\frac{1}{2}$ cuillère à café de curcuma (pour la couleur; facultatif)

- Pincée de poivre de cayenne, ou au goût

- $\frac{2}{3}$ tasse de miel

- $1\frac{1}{2}$ tasse de crème épaisse

- $\frac{1}{2}$ tasse Gravier de pain de maïs au miel

Les directions:

a) Mélanger environ 2 cuillères à soupe de babeurre avec la fécule de maïs dans un petit bol pour faire une pâte lisse.

b) Fouetter le fromage à la crème, le sel et le curcuma, si utilisé, et le poivre de Cayenne dans un bol moyen jusqu'à consistance lisse.

c) Remplissez un grand bol de glace et d'eau.

d) Cuire Faites chauffer le miel dans une casserole de 4 pintes à feu moyen-élevé jusqu'à ce qu'il commence à bouillir et commence à fumer. Retirer la casserole du feu et incorporer environ $\frac{1}{4}$ de tasse de crème. Ajouter lentement le reste de la crème en remuant jusqu'à ce qu'elle soit incorporée.

e) Ajouter le babeurre restant, porter à ébullition à feu moyen-élevé et faire bouillir pendant 4 minutes. Retirer du feu et incorporer progressivement la purée de fécule de maïs. Ramener le mélange à ébullition à feu moyen-élevé et cuire, en remuant avec une spatule résistante à la chaleur, jusqu'à ce qu'il épaississe légèrement, environ 1 minute. Retirer du feu.

f) Refroidir Incorporer graduellement le mélange de lait chaud au fromage à la crème jusqu'à consistance lisse. Versez le mélange dans un sac de congélation Ziplock de 1 gallon et plongez le sac scellé dans le bain de glace. Laisser reposer, en ajoutant plus de glace au besoin, jusqu'à ce qu'il soit froid, environ 30 minutes.

g) Congeler Retirez la boîte congelée du congélateur, assemblez votre machine à crème glacée et allumez-la. Verser la base de crème glacée dans le récipient congelé et faire tourner jusqu'à consistance épaisse et crémeuse.

h) Emballez la crème glacée dans un récipient de stockage, en mélangeant le gravier de pain de maïs au fur et à mesure. Presser une feuille de parchemin directement contre la surface et sceller avec un couvercle hermétique. Congeler dans la partie la plus froide de votre congélateur jusqu'à consistance ferme, au moins 4 heures.

15. Glace Pumpernickel

Donne environ 1 litre

Ingrédients:

- 2⅔ tasses de lait entier

- 1 cuillère à soupe plus 2 cuillères à café de fécule de maïs

- 2 onces (4 cuillères à soupe) de fromage à la crème, ramolli

- $\frac{1}{8}$ cuillère à café de sel de mer fin

- 1$\frac{1}{2}$ tasse de crème épaisse

- $\frac{3}{4}$ tasse de sucre

- 2 cuillères à soupe de mélasse

- 2 cuillères à soupe de sirop de maïs léger

- 3 à 4 gouttes d'huile essentielle de carvi

- $\frac{1}{2}$ tasse de Pumpernickel Gravel

Les directions:

a) Mélanger environ 2 cuillères à soupe de lait avec la fécule de maïs dans un petit bol pour faire une pâte lisse.

b) Fouetter le fromage à la crème et le sel dans un bol moyen jusqu'à consistance lisse.

c) Remplissez un grand bol de glace et d'eau.

d) Cuire Mélanger le reste du lait, la crème, le sucre, la mélasse et le sirop de maïs dans une casserole de 4 pintes, porter à ébullition à feu moyen-vif et faire bouillir pendant 4 minutes. Retirer du feu et incorporer progressivement la purée de fécule de maïs. Ramener le mélange à ébullition à feu moyen-élevé et cuire, en remuant avec une spatule résistante à la chaleur, jusqu'à ce qu'il épaississe légèrement, environ 1 minute. Retirer du feu.

e) Refroidir Incorporer graduellement le mélange de lait chaud au fromage à la crème jusqu'à consistance lisse. Versez le mélange dans un sac de congélation Ziplock de 1 gallon et plongez le sac scellé dans le bain de glace. Laisser reposer, en ajoutant plus de glace au

besoin, jusqu'à ce qu'il soit froid, environ 30 minutes.

f) Congeler Retirez la boîte congelée du congélateur, assemblez votre machine à crème glacée et allumez-la. Verser la base de crème glacée dans la boîte, ajouter l'huile de carvi et faire tourner jusqu'à consistance épaisse et crémeuse.

g) Emballez la crème glacée dans un récipient de stockage, en mélangeant le gravier de pumpernickel au fur et à mesure. Presser une feuille de parchemin directement contre la surface et sceller avec un couvercle hermétique.

h) Congeler dans la partie la plus froide de votre congélateur jusqu'à consistance ferme, au moins 4 heures.

16. Crème glacée au gâteau aux colibris

Donne environ 1 litre

Ingrédients:

- $\frac{1}{2}$ tasse grossièrement émietté Gâteau de dame, réfrigéré

- 3 cuillères à soupe Sauce Ananas, réfrigéré

- 2 cuillères à soupe de pacanes grillées hachées

- $2\frac{2}{3}$ tasses de lait entier

- 1 cuillère à soupe plus 2 cuillères à café de fécule de maïs

- 5 onces (10 cuillères à soupe) de fromage à la crème, ramolli

- $\frac{1}{4}$ cuillère à café de cannelle moulue

- $\frac{1}{8}$ cuillère à café de sel de mer fin

- $1\frac{1}{2}$ tasse de crème épaisse

- $\frac{3}{4}$ tasse de sucre

- $\frac{1}{4}$ tasse de sirop de maïs léger

- 1 banane mûre

- 1 cuillère à café d'extrait de vanille

Les directions:

a) Mélanger le gâteau, la sauce à l'ananas et les pacanes dans un grand bol et congeler pour les utiliser plus tard.

b) Mélanger environ 2 cuillères à soupe de lait avec la fécule de maïs dans un petit bol pour faire une pâte lisse.

c) Fouetter le fromage à la crème, la cannelle et le sel dans un bol moyen jusqu'à consistance lisse.

d) Remplissez un grand bol de glace et d'eau.

e) Cuire Mélanger le reste du lait, la crème, le sucre et le sirop de maïs dans une casserole de 4 pintes, porter à ébullition à feu moyen-élevé et faire bouillir pendant 4 minutes. Retirer du feu et incorporer progressivement la purée de fécule de maïs. Ramener à ébullition à feu moyen-vif et cuire, en remuant avec une spatule résistante à la chaleur, jusqu'à ce que légèrement épaissi, environ 1 minute. Retirer du feu.

f) Refroidir Incorporer graduellement le mélange de lait chaud au fromage à la crème jusqu'à consistance lisse.

g) Éplucher la banane, la couper en morceaux et la réduire en purée au robot culinaire jusqu'à ce qu'elle soit complètement lisse. Incorporer la purée à la base de crème glacée et incorporer l'extrait de vanille en fouettant. Versez le mélange dans un sac de congélation Ziplock de 1 gallon et plongez le sac scellé dans le bain de glace. Laisser reposer, en ajoutant plus de glace au besoin, jusqu'à ce qu'il soit froid, environ 30 minutes.

h) Congeler Retirez la boîte congelée du congélateur, assemblez votre machine à crème glacée et allumez-la. Verser la base de crème glacée dans le récipient congelé et faire tourner jusqu'à consistance épaisse et crémeuse.

i) Versez la crème glacée molle dans le mélange gâteau/sauce à l'ananas/noix de pécan et pliez jusqu'à ce que le tout soit bien mélangé. Travaillez rapidement pour que la crème glacée ne fonde pas ! Emballez dans un conteneur de stockage.

j) Presser une feuille de parchemin directement contre la surface et sceller avec un couvercle hermétique. Congeler dans la partie la plus froide de votre congélateur jusqu'à consistance ferme, au moins 4 heures.

17. Glace Mangue Manchego

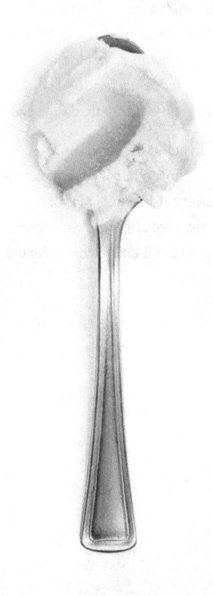

Donne environ 1 litre

Ingrédients:

- 2⅔ tasses de lait entier

- 1 cuillère à soupe plus 2 cuillères à café de fécule de maïs

- 2 onces (4 cuillères à soupe) de fromage à la crème, ramolli

- ⅛ cuillère à café de sel de mer fin

- 1½ tasse de crème épaisse

- ¾ tasse de sucre

- ¼ tasse de sirop de maïs léger

- 1 tasse de Manchego râpé

- ½ tasse Confiture de Mangue

Les directions:

a) Mélanger environ 2 cuillères à soupe de lait avec la fécule de maïs dans un petit bol pour faire une pâte lisse.

b) Fouetter le fromage à la crème et le sel dans un bol moyen jusqu'à consistance lisse.

c) Remplissez un grand bol de glace et d'eau.

d) Cuire Mélanger le reste du lait, la crème, le sucre et le sirop de maïs dans une casserole de 4 pintes, porter à ébullition à feu moyen-élevé et faire bouillir pendant 4 minutes. Retirer du feu et incorporer progressivement la purée de fécule de maïs et le Manchego. Ramener le mélange à ébullition à feu moyen-élevé et cuire, en remuant avec une spatule résistante à la chaleur, jusqu'à ce qu'il épaississe légèrement, environ 1 minute. Retirer du feu.

e) Refroidir Incorporer graduellement le mélange de lait chaud au fromage à la crème jusqu'à consistance lisse. Versez le mélange dans un sac de congélation Ziplock de 1 gallon et plongez le sac scellé dans le bain de glace. Laisser reposer, en ajoutant plus de glace au

besoin, jusqu'à ce qu'il soit froid, environ 30 minutes.

f) Congeler Retirez la boîte congelée du congélateur, assemblez votre machine à crème glacée et allumez-la. Versez la base de crème glacée dans la boîte et tournez jusqu'à consistance épaisse et crémeuse.

g) Emballez la crème glacée dans un récipient de stockage, en superposant la confiture au fur et à mesure. Presser une feuille de parchemin directement contre la surface et sceller avec un couvercle hermétique.

h) Congeler dans la partie la plus froide de votre congélateur jusqu'à consistance ferme, au moins 4 heures.

18. Moonshine et crème au sirop de maïs

Donne environ 1 litre

Ingrédients:

- 2⅔ tasses de lait entier

- 1 cuillère à soupe plus 2 cuillères à café
  de fécule de maïs

- 2 onces (4 cuillères à soupe) de fromage
  à la crème, ramolli

- ⅛ cuillère à café de sel de mer fin

- 1½ tasse de crème épaisse

- ⅔ tasse de sucre

- ¼ tasse de sirop de maïs léger

- ⅓ à ½ tasse de clair de lune ou de whisky
  blanc

- ⅔ tasse de moitiés de pacanes grillées
  salées

- ½ tasse Crème Au Sirop De Maïs

Les directions:

a) Mélanger environ 2 cuillères à soupe de lait avec la fécule de maïs dans un petit bol pour faire une pâte lisse.

b) Fouetter le fromage à la crème et le sel dans un bol moyen jusqu'à consistance lisse.

c) Remplissez un grand bol de glace et d'eau.

d) Cuire Mélanger le reste du lait, la crème, le sucre et le sirop de maïs dans une casserole de 4 pintes, porter à ébullition à feu moyen-vif et faire bouillir pendant 4 minutes. Retirer du feu et incorporer progressivement la purée de fécule de maïs. Ramener le mélange à ébullition à feu moyen-élevé et cuire, en remuant avec une spatule résistante à la chaleur, jusqu'à ce qu'il épaississe légèrement, environ 1 minute. Retirer du feu.

e) Refroidir Incorporer graduellement le mélange de lait chaud au fromage à la crème jusqu'à consistance lisse. Versez le mélange dans un sac de congélation Ziplock de 1 gallon et plongez le sac

scellé dans le bain de glace. Laisser
reposer, en ajoutant plus de glace au
besoin, jusqu'à ce qu'il soit froid, environ
30 minutes. Incorporer le clair de lune.

f) Congeler Retirez la boîte congelée du
   congélateur, assemblez votre machine à
   crème glacée et allumez-la. Versez la
   base de crème glacée dans la boîte et
   tournez jusqu'à consistance épaisse et
   crémeuse.

g) Mettez la crème glacée dans un récipient
   de stockage, en superposant les pacanes
   et la crème au fur et à mesure. Presser
   une feuille de parchemin directement
   contre la surface et sceller avec un
   couvercle hermétique.

h) Congeler dans la partie la plus froide de
   votre congélateur jusqu'à consistance
   ferme, au moins 4 heures.

19. Crème glacée à la cerise de la maison blanche

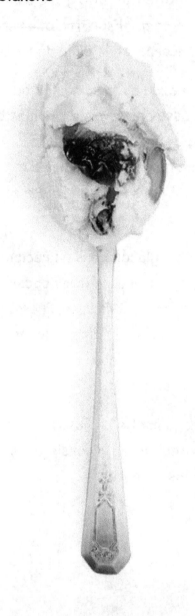

Donne environ 1 litre

Ingrédients:

- 2⅔ tasses de lait entier

- 1 cuillère à soupe plus 2 cuillères à café de fécule de maïs

- 2 onces (4 cuillères à soupe) de fromage à la crème, ramolli

- ⅛ cuillère à café de sel de mer fin

- 1½ tasse de crème épaisse

- ¾ tasse de sucre

- ¼ tasse de sirop de maïs léger

- 1 à 2 gouttes d'extrait de fleur de cerisier

- 4 onces de chocolat blanc, haché

- ¼ tasse Cerises de la Maison Blanche, drainé

- Une poignée de pistaches (facultatif)

Les directions:

a) Mélanger environ 2 cuillères à soupe de lait avec la fécule de maïs dans un petit bol pour faire une pâte lisse.

b) Fouetter le fromage à la crème et le sel dans un bol moyen jusqu'à consistance lisse.

c) Remplissez un grand bol de glace et d'eau.

d) Cuire Mélanger le reste du lait, la crème, le sucre et le sirop de maïs dans une casserole de 4 pintes, porter à ébullition à feu moyen-vif et faire bouillir pendant 4 minutes. Retirer du feu et incorporer progressivement la purée de fécule de maïs. Ramener le mélange à ébullition à feu moyen-élevé et cuire, en remuant avec une spatule résistante à la chaleur, jusqu'à ce qu'il épaississe légèrement, environ 1 minute. Retirer du feu.

e) Refroidir Incorporer graduellement le mélange de lait chaud au fromage à la crème jusqu'à consistance lisse. Versez le mélange dans un sac de congélation Ziplock de 1 gallon et plongez le sac scellé dans le bain de glace. Laisser reposer, en ajoutant plus de glace au besoin, jusqu'à ce qu'il soit froid, environ 30 minutes.

f) Congeler Retirez la boîte congelée du congélateur, assemblez votre machine à crème glacée et allumez-la. Versez la base de crème glacée dans la boîte, ajoutez l'extrait de fleur de cerisier et faites tourner jusqu'à consistance épaisse et crémeuse. Pendant ce temps, faire fondre le chocolat au bain-marie sur de l'eau frémissante. Retirer du feu et laisser refroidir jusqu'à ce qu'il soit tiède mais encore versable.

g) Lorsque la crème glacée est presque prête, versez progressivement le chocolat fondu à travers l'ouverture dans le haut de la machine et laissez-le se solidifier puis se briser dans la crème glacée pendant environ 2 minutes.

h) Emballez la crème glacée dans un récipient de stockage, en incorporant les cerises et les pistaches, si vous en

utilisez, au fur et à mesure. Presser une
feuille de parchemin directement contre
la surface et sceller avec un couvercle
hermétique.

i) Congeler dans la partie la plus froide de
    votre congélateur jusqu'à consistance
    ferme, au moins 4 heures.

20. Crème glacée Yazoo Sue

Donne environ 1 litre

Ingrédients:

- 2⅔ tasses de lait entier

- 1 cuillère à soupe plus 2 cuillères à café de fécule de maïs

- 2 onces (4 cuillères à soupe) de fromage à la crème, ramolli

- ⅛ cuillère à café de sel de mer fin

- 1½ tasse de crème épaisse

- ¾ tasse de sucre

- ¼ tasse de sirop de maïs léger

- tasse de porter fumé

- ½ tasse Noix de romarin

Les directions:

a) Mélanger environ 2 cuillères à soupe de lait avec la fécule de maïs dans un petit bol pour faire une pâte lisse.

b) Fouetter le fromage à la crème et le sel dans un bol moyen jusqu'à consistance lisse.

c) Remplissez un grand bol de glace et d'eau.

d) Cuire Mélanger le reste du lait, la crème, le sucre et le sirop de maïs dans une casserole de 4 pintes, porter à ébullition à feu moyen-élevé et faire bouillir pendant 4 minutes.

e) Retirer du feu et incorporer progressivement la purée de fécule de maïs. Ramener le mélange à ébullition à feu moyen-élevé et cuire, en remuant avec une spatule résistante à la chaleur, jusqu'à ce qu'il épaississe légèrement, environ 1 minute. Retirer du feu.

f) Refroidir Incorporer graduellement le mélange de lait chaud au fromage à la crème jusqu'à consistance lisse, puis incorporer la bière. Versez le mélange dans un sac de congélation Ziplock de 1 gallon et plongez le sac scellé dans le bain de glace. Laisser reposer, en ajoutant plus de glace au besoin, jusqu'à ce qu'il soit froid, environ 30 minutes.

g) Congeler Retirez la boîte congelée du congélateur, assemblez votre machine à crème glacée et allumez-la. Versez la base de crème glacée dans la boîte et tournez jusqu'à consistance épaisse et crémeuse.

h) Emballez la crème glacée dans un récipient de stockage, en repliant les noix de barre au fur et à mesure. Presser une feuille de parchemin directement contre la surface et sceller avec un couvercle hermétique.

i) Congeler dans la partie la plus froide de votre congélateur jusqu'à consistance ferme, au moins 4 heures.

21. Babeurre Soft-Serve

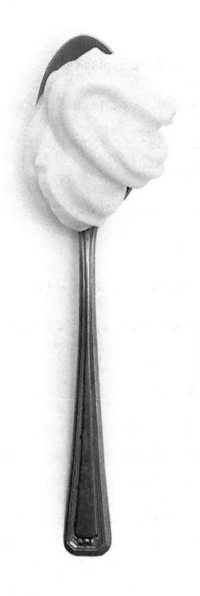

Donne environ 1 litre

Ingrédients:

- 1¼ tasse de crème épaisse

- 2 cuillères à soupe de fécule de maïs

- 3 onces (6 cuillères à soupe) de fromage à la crème, ramolli

- ¼ cuillère à café de sel de mer fin

- ⅔ tasse de sucre

- 2 cuillères à soupe de sirop de maïs léger

- 2½ tasses de babeurre, de lait entier ou de lait 2%

Les directions:

a) Mélanger 3 à 4 cuillères à soupe de crème avec la fécule de maïs dans un petit bol pour faire une pâte lisse.

b) Fouetter le fromage à la crème et le sel dans un bol moyen jusqu'à consistance lisse.

c) Remplissez un grand bol de glace et d'eau.

d) Cuire Mélanger le reste de la crème, le sucre et le sirop de maïs dans une casserole de 4 pintes, porter à ébullition à feu moyen-vif et faire bouillir pendant 4 minutes. Retirer du feu et incorporer progressivement la purée de fécule de maïs. Ramener le mélange à ébullition à feu moyen-élevé et cuire, en remuant avec une spatule résistante à la chaleur, jusqu'à ce qu'il épaississe légèrement, environ 20 secondes. Retirer du feu.

e) Refroidir Incorporer graduellement le mélange de lait chaud au fromage à la crème jusqu'à consistance lisse. Incorporer le babeurre.

f) Versez le mélange dans un sac Ziplock de 1 gallon et plongez le sac scellé dans le bain de glace. Laisser reposer, en ajoutant plus de glace au besoin, jusqu'à ce qu'il soit froid, environ 30 minutes.

g) Geler

h) Si vous utilisez une machine à dessert

i) Retirez la boîte congelée du congélateur, assemblez votre machine à crème glacée et allumez-la. Versez la base de crème glacée dans la boîte et tournez jusqu'à consistance épaisse et crémeuse. Utilisez la poignée pour libérer une partie de la crème glacée dans un bol. Si la crème glacée est trop molle, remettez-la dedans et continuez à battre jusqu'à ce qu'elle atteigne la consistance désirée. Sers immédiatement.

j) Si vous utilisez une machine à crème glacée ordinaire

k) Retirez la boîte congelée du congélateur, assemblez votre machine à crème glacée et allumez-la. Versez la base de crème glacée dans la boîte et tournez jusqu'à consistance épaisse et crémeuse.

l) Servez directement à partir de la machine ou, pour une version à cuillère, emballez la crème glacée dans un récipient de stockage. Presser une feuille de parchemin directement contre la surface et sceller avec un couvercle hermétique.

m) Congeler dans la partie la plus froide de votre congélateur jusqu'à consistance ferme, au moins 4 heures.

CRÈME

22. Crème glacée à la vanille salée

Donne environ 1 litre

Ingrédients:

- 2¾ tasses de lait entier

- 6 gros jaunes d'oeufs

- 1 cuillère à soupe plus 2 cuillères à café de fécule de maïs

- 1 once (2 cuillères à soupe) de fromage à la crème, ramolli

- ¾ cuillère à café de sel de mer fin

- 3 cuillères à café d'extrait de vanille

- 1 tasse de crème épaisse

- ¾ tasse de sucre

- 2 cuillères à soupe de sirop de maïs léger

Les directions:

a) Mélanger environ 2 cuillères à soupe de lait, les jaunes d'œufs et la fécule de maïs dans un petit bol et réserver.

b) Fouetter le fromage à la crème, le sel et la vanille dans un bol moyen jusqu'à consistance lisse.

c) Remplissez un grand bol de glace et d'eau.

d) Cuire Mélanger le reste du lait, la crème, le sucre et le sirop de maïs dans une casserole de 4 pintes, porter à ébullition à feu moyen-élevé et faire bouillir pendant 4 minutes.

e) Retirer du feu et ajouter graduellement environ 2 tasses du mélange de lait chaud au mélange de jaunes d'œufs, une louche à la fois, en remuant bien après chaque ajout.

f) Remettre le mélange dans la casserole et chauffer à feu moyen en remuant constamment avec une spatule résistante à la chaleur, jusqu'à ce que le mélange arrive à ébullition. Retirer du feu et passer au tamis si nécessaire.

g) Refroidir Incorporer graduellement le mélange de lait chaud au mélange de fromage à la crème jusqu'à consistance lisse. Versez le mélange dans un sac de congélation Ziplock de 1 gallon et plongez le sac scellé dans le bain de glace. Laisser reposer, en ajoutant plus de glace au besoin, jusqu'à ce qu'il soit froid, environ 30 minutes.

h) Congeler Retirez la boîte congelée du congélateur, assemblez votre machine à crème glacée et allumez-la. Versez la base de crème pâtissière dans la boîte et tournez jusqu'à consistance épaisse et crémeuse.

i) Emballez la crème pâtissière dans un récipient de stockage. Presser une feuille de parchemin directement contre la surface et sceller avec un couvercle hermétique. Congeler dans la partie la plus froide de votre congélateur jusqu'à consistance ferme, au moins 4 heures.

23. Crème glacée surgelée au pain doré

Donne environ 1 litre

Ingrédients:

- $2\frac{3}{4}$ tasses de lait entier

- 6 gros jaunes d'oeufs

- 1 cuillère à soupe plus 2 cuillères à café de fécule de maïs

- 1 once (2 cuillères à soupe) de fromage à la crème, ramolli

- $\frac{1}{2}$ cuillère à café d'extrait de vanille

- 1 cuillère à café de cannelle moulue

- 1 cuillère à café de café fraîchement torréfié et finement moulu

- $\frac{1}{4}$ cuillère à café de sel

- 1 tasse de crème épaisse

- 2 cuillères à soupe de sirop de maïs léger

- $1\frac{1}{2}$ tasses de sirop d'érable

- $\frac{1}{2}$ tasse ($\frac{1}{4}$ po) de cubes de brioche (de 2 à 3 tranches de brioche), grillés, ou Gravier de pain doré

Les directions:

a) Mélanger environ 2 cuillères à soupe de lait, les jaunes d'œufs et la fécule de maïs dans un petit bol et réserver.

b) Fouetter le fromage à la crème, la vanille, la cannelle, le café et le sel dans un bol moyen jusqu'à consistance lisse.

c) Mélanger la crème avec le sirop de maïs dans un petit bol.

d) Remplissez un grand bol de glace et d'eau.

e) Cuire Porter le sirop d'érable à ébullition dans une casserole de 4 pintes à feu moyen-vif. Baisser le feu à moyen et poursuivre la cuisson 8 minutes, jusqu'à ce que le sirop ait réduit de moitié. Retirer du feu et ajouter progressivement le mélange de crème, une louche à la fois, en remuant constamment. Incorporer le lait restant.

f) Remettre la casserole sur la cuisinière et chauffer à feu moyen en portant le mélange à ébullition et cuire pendant 4 minutes (il peut sembler caillé de l'érable acide, mais il se reformera dans la crème finie).

g) Retirer du feu et ajouter graduellement environ 2 tasses de ce mélange au mélange de jaunes d'œufs, une louche à la fois, en remuant bien après chaque ajout.

h) Verser le mélange dans la casserole et chauffer à feu moyen jusqu'à ce que le mélange revienne à ébullition, puis retirer du feu. Passer au tamis si besoin.

i) Refroidir Incorporer graduellement le mélange de lait chaud au mélange de fromage à la crème jusqu'à consistance lisse. Versez le mélange dans un sac de congélation Ziplock de 1 gallon et plongez le sac scellé dans le bain de glace. Laisser reposer, en ajoutant plus de glace au besoin, jusqu'à ce qu'il soit froid, environ 30 minutes.

j) Congeler Retirez la boîte congelée du congélateur, assemblez votre machine à crème glacée et allumez-la. Versez la base de crème pâtissière dans la boîte et tournez jusqu'à consistance épaisse et crémeuse.

k) Mettez la crème pâtissière dans un récipient de stockage, en mélangeant les cubes de brioche grillées au fur et à mesure. Presser une feuille de parchemin directement contre la surface et sceller avec un couvercle hermétique. Congeler dans la partie la plus froide de votre congélateur jusqu'à consistance ferme, au moins 4 heures.

24. Crème glacée au lait de poule

Donne environ 1 litre

Ingrédients:

- $2\frac{3}{4}$ tasses de lait entier

- 6 gros jaunes d'oeufs

- 1 cuillère à soupe plus 2 cuillères à café de fécule de maïs

- 1 once (2 cuillères à soupe) de fromage à la crème, ramolli

- $\frac{1}{2}$ cuillère à café de sel de mer fin

- $\frac{1}{8}$ cuillère à café de muscade râpée

- $\frac{1}{2}$ cuillère à café d'extrait de vanille

- 1 tasse de crème épaisse

- $\frac{3}{4}$ tasse de sucre

- 2 cuillères à soupe de sirop de maïs léger

- $\frac{1}{4}$ tasse de whisky (ou de rhum ou de brandy)

Les directions:

a) Mélanger environ 2 cuillères à soupe de lait, les jaunes d'œufs et la fécule de maïs dans un petit bol et réserver.

b) Fouetter le fromage à la crème, le sel, la muscade et la vanille dans un bol moyen jusqu'à consistance lisse.

c) Remplissez un grand bol de glace et d'eau.

d) Cuire Mélanger le reste du lait, la crème, le sucre et le sirop de maïs dans une casserole de 4 pintes, porter à ébullition à feu moyen-élevé et faire bouillir pendant 4 minutes.

e) Retirer du feu et ajouter graduellement environ 2 tasses du mélange de lait chaud au mélange de jaunes d'œufs, une louche à la fois, en remuant bien après chaque ajout.

f) Remettre le mélange dans la casserole et chauffer à feu moyen en remuant constamment avec une spatule résistante à la chaleur, jusqu'à ce que le mélange arrive à ébullition. Retirer du feu et passer au tamis si nécessaire.

g) Refroidir Incorporer graduellement le mélange de lait chaud au mélange de fromage à la crème jusqu'à consistance lisse. Versez le mélange dans un sac de congélation Ziplock de 1 gallon et plongez le sac scellé dans le bain de glace. Laisser reposer, en ajoutant plus de glace au besoin, jusqu'à ce qu'il soit froid, environ 30 minutes.

h) Congeler Retirez la boîte congelée du congélateur, assemblez votre machine à crème glacée et allumez-la. Versez la base de crème pâtissière dans la boîte, ajoutez le whisky et tournez jusqu'à consistance épaisse et crémeuse.

i) Emballez la crème pâtissière dans un récipient de stockage. Presser une feuille de parchemin directement contre la surface et sceller avec un couvercle hermétique. Congeler dans la partie la plus froide de votre congélateur jusqu'à consistance ferme, au moins 4 heures.

25. Bisque Custard Fleur d'Oranger

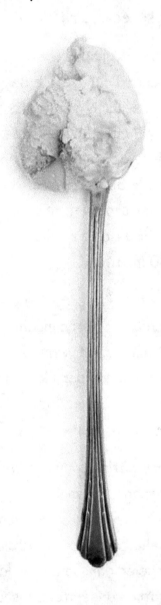

Donne environ 1 litre

Ingrédients:

- 2¾ tasses de lait entier

- 6 gros jaunes d'oeufs

- 1 cuillère à soupe plus 2 cuillères à café de fécule de maïs

- 1 once (2 cuillères à soupe) de fromage à la crème, ramolli

- 2 cuillères à café d'extrait de vanille

- cuillère à café d'extrait d'amande

- ½ cuillère à café de sel de mer fin

- 1 tasse de crème épaisse

- ¾ tasse de sucre

- 2 cuillères à soupe de sirop de maïs léger

- 1 à 2 gouttes d'huile essentielle de néroli

- ½ tasse d'amandes grillées, hachées très finement

- ½ tasse de biscuits amaretti émiettés

- 12 à 16 cerises Amarena (voir Sources; optionnel)

Les directions:

a) Mélanger environ 2 cuillères à soupe de lait, les jaunes d'œufs et la fécule de maïs dans un petit bol et réserver.

b) Fouetter le fromage à la crème, la vanille, l'extrait d'amande et le sel dans un bol moyen jusqu'à consistance lisse.

c) Remplissez un grand bol de glace et d'eau.

d) Cuire Mélanger le reste du lait, la crème, le sucre et le sirop de maïs dans une casserole de 4 pintes, porter à ébullition à feu moyen-élevé et faire bouillir pendant 4 minutes.

e) Retirer du feu et ajouter graduellement environ 2 tasses du mélange de lait chaud au mélange de jaunes d'œufs, une louche à la fois, en remuant bien après chaque ajout.

f) Remettre le mélange dans la casserole et chauffer à feu moyen en remuant constamment avec une spatule résistante à la chaleur, jusqu'à ce que le mélange arrive à ébullition. Retirer du feu et passer au tamis si nécessaire.

g) Refroidir Incorporer graduellement le mélange de lait chaud au mélange de fromage à la crème jusqu'à consistance lisse. Versez le mélange dans un sac de congélation Ziplock de 1 gallon et plongez le sac scellé dans le bain de glace. Laisser reposer, en ajoutant plus de glace au besoin, jusqu'à ce qu'il soit froid, environ 30 minutes.

h) Congeler Retirez la boîte congelée du congélateur, assemblez votre machine à crème glacée et allumez-la. Versez la base de crème pâtissière dans le récipient, déposez l'huile essentielle de néroli dans le dessus et tournez jusqu'à consistance épaisse et crémeuse.

i) Mettez la crème pâtissière dans un récipient de stockage, en superposant les amandes grillées et les amaretti au fur et à mesure. Presser une feuille de parchemin directement contre la surface et sceller avec un couvercle hermétique. Congeler dans la partie la plus froide de votre congélateur jusqu'à consistance ferme, au moins 4 heures.

j) Garnir avec les cerises, si vous en utilisez, au fur et à mesure que vous servez.

26. Caramel Crème Sans Lait

Donne environ 1 litre

Ingrédients:

- $2\frac{3}{4}$ tasses de lait d'amande

- 2 cuillères à soupe de fécule de tapioca

- ⅓ tasse de noix de cajou crues

- 2 onces (4 cuillères à soupe) de fromage à la crème végétalien

- $1\frac{1}{4}$ tasse d'huile de noix de coco raffinée, à température ambiante

- $\frac{1}{2}$ cuillère à café de sel de mer fin

- ⅓ tasse de sirop de maïs léger

- ⅔ tasse de sucre

- 1 gousse de vanille fendue, graines grattées, graines et gousse réservées

Les directions:

a) Mélanger environ 2 cuillères à soupe de lait d'amande avec la fécule de tapioca dans un petit bol pour faire une pâte lisse. Si vous utilisez des noix de cajou crues, pulvérisez-les en une pâte très fine dans un robot culinaire ou avec un mortier et un pilon.

b) Fouetter le fromage à la crème, si utilisé, l'huile de noix de coco, la pâte de noix de cajou et le sel dans un bol jusqu'à consistance lisse et crémeuse.

c) Versez le sirop de maïs dans le reste du lait d'amande dans un bol.

d) Remplissez un grand bol de glace et d'eau.

e) Cuire Faites chauffer le sucre dans une casserole de 4 pintes à feu moyen jusqu'à ce qu'il soit fondu et ambré doré.

f) Retirez du feu et, en remuant constamment, ajoutez lentement un peu du mélange de lait d'amande au caramel : il pétillera, éclatera et jaillira.

g) Remuez jusqu'à ce que le tout soit bien mélangé, puis ajoutez un peu plus de lait d'amande et remuez. Continuez à ajouter le lait petit à petit jusqu'à ce que tout soit incorporé.

h) Incorporer lentement la bouillie de fécule de tapioca et les graines et la gousse de vanille. Remettre la casserole sur le feu, porter à ébullition à feu moyen-élevé et cuire, en remuant avec une spatule résistante à la chaleur, pendant 20 à 30 secondes, jusqu'à ce que le mélange épaississe légèrement.

i) Retirer du feu. S'il reste des taches de caramel, passez le mélange au tamis.

j) Refroidir Incorporer graduellement le mélange de lait chaud au mélange de fromage à la crème, en remuant jusqu'à ce qu'il soit bien incorporé.

k) Versez le mélange dans un sac de congélation Ziplock de 1 gallon et plongez le sac scellé dans le bain de glace. Laisser reposer, en ajoutant plus de glace au besoin, jusqu'à ce qu'il soit froid, environ 30 minutes.

l) Congeler Retirez la boîte congelée du congélateur, assemblez votre machine à crème glacée et allumez-la. Verser la base de crème dans le récipient et faire tourner jusqu'à consistance épaisse et crémeuse.

m) Retirez la gousse de vanille et jetez-la. Emballez la crème dans un récipient de stockage.

n) Presser une feuille de parchemin directement contre la surface et sceller avec un couvercle hermétique.

o) Congeler dans la partie la plus froide de votre congélateur jusqu'à consistance ferme, au moins 4 heures.

YAOURT GLACÉ

27. Yogourt glacé au gingembre frais

Donne environ 1 litre

Ingrédients:

Base de yaourt glacé

- 1 litre de yogourt nature faible en gras

- $1\frac{1}{2}$ tasse de lait entier

- 2 cuillères à soupe de fécule de maïs

- 2 onces (4 cuillères à soupe) de fromage à la crème, ramolli

- $\frac{1}{2}$ cuillère à café de poudre de betterave (pour la couleur ; voir Sources; optionnel)

- $\frac{1}{8}$ cuillère à café de curcuma (pour la couleur, facultatif)

- $\frac{1}{2}$ tasse de crème épaisse

- $\frac{2}{3}$ tasse de sucre

- $\frac{1}{4}$ tasse de sirop de maïs léger

Sirop de Gingembre

- $\frac{1}{2}$ tasse de jus de citron frais (de 2 à 3 citrons)

- 3 cuillères à soupe de sucre

- 2 onces de gingembre frais (un morceau d'environ 4 pouces de long), pelé et tranché en pièces de $\frac{1}{8}$ de pouce

- $\frac{1}{2}$ cuillère à café de gingembre en poudre

Les directions:

Pour le yaourt égoutté

a) Placez un tamis au-dessus d'un bol et tapissez-le de deux couches de gaze. Verser le yaourt dans le tamis, couvrir d'une pellicule plastique et réfrigérer pendant 6 à 8 heures pour égoutter. Jetez le liquide et mesurez $1\frac{1}{4}$ tasse de yogourt égoutté ; mettre de côté.

Pour le sirop de gingembre

b) Mélanger le jus de citron avec le sucre dans une petite casserole et porter à ébullition à feu moyen-vif, en remuant pour dissoudre le sucre. Hors du feu, ajoutez le gingembre émincé et le gingembre en poudre et laissez refroidir. Filtrez le gingembre tranché et mettez le sirop de côté.

Pour la base de yaourt glacé

c) Mélanger environ 2 cuillères à soupe de lait avec la fécule de maïs dans un petit bol pour faire une pâte lisse.

d) Fouetter le fromage à la crème, la poudre de betterave et le curcuma, le cas échéant, dans un bol moyen jusqu'à consistance lisse.

e) Remplissez un grand bol de glace et d'eau.

f) Cuire Mélanger le reste du lait, la crème, le sucre et le sirop de maïs dans une casserole de 4 pintes, porter à ébullition à feu moyen-vif et faire bouillir pendant 4 minutes. Retirer du feu et incorporer progressivement la purée de fécule de maïs. Ramener le mélange à ébullition à feu moyen-élevé et cuire, en remuant avec une spatule résistante à la chaleur, jusqu'à ce qu'il épaississe légèrement, environ 1 minute. Retirer du feu.

g) Refroidir Incorporer graduellement le mélange de lait chaud au fromage à la crème jusqu'à consistance lisse. Ajouter les 1¼ tasses de yogourt et le sirop de gingembre. Versez le mélange dans un sac de congélation Ziplock de 1 gallon et plongez le sac scellé dans le bain de glace. Laisser reposer, en ajoutant plus de glace au besoin, jusqu'à ce qu'il soit froid, environ 30 minutes.

h) Congeler Retirez la boîte congelée du congélateur, assemblez votre machine à crème glacée et allumez-la. Versez la base de yogourt glacé dans le contenant congelé et tournez jusqu'à consistance épaisse et crémeuse.

i) Emballez le yogourt glacé dans un récipient de stockage. Presser une feuille de parchemin directement contre la surface et sceller avec un couvercle hermétique. Congeler dans la partie la plus froide de votre congélateur jusqu'à consistance ferme, au moins 4 heures.

28. Yogourt glacé à la pêche fraîche

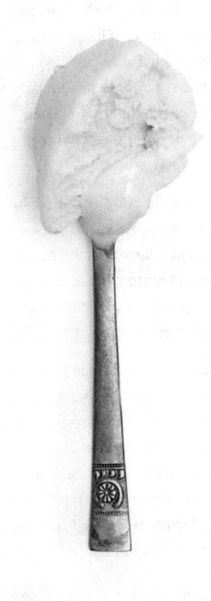

Donne environ 1 litre

Ingrédients:

Base de yaourt glacé

- 1 litre de yogourt nature faible en gras

- ⅔ tasse de babeurre (ou de lait entier supplémentaire)

- 1 tasse de lait entier

- 2 cuillères à soupe de fécule de maïs

- 2 onces (4 cuillères à soupe) de fromage à la crème, ramolli

- $\frac{1}{4}$ cuillère à café de sel de mer fin

- $\frac{1}{2}$ tasse de crème épaisse

- ⅔ tasse de sucre

- $\frac{1}{4}$ tasse de sirop de maïs léger

Purée De Pêche

- 2 à 3 pêches dorées mûres, pelées, dénoyautées et coupées en morceaux grossiers

- ⅓ tasse de sucre

- $\frac{1}{4}$ tasse de jus de citron frais (d'environ 2 citrons)

Les directions:

Pour le yaourt égoutté

a) Placez un tamis au-dessus d'un bol et tapissez-le de deux couches de gaze. Verser le yaourt dans le tamis, couvrir d'une pellicule plastique et réfrigérer pendant 6 à 8 heures pour égoutter. Jetez le liquide et mesurez $1\frac{1}{4}$ tasse de yogourt égoutté. Ajouter le babeurre et réserver.

Pour le yaourt glacé

b) Mélanger environ 2 cuillères à soupe de lait avec la fécule de maïs dans un petit bol pour faire une pâte lisse.

c) Fouetter le fromage à la crème et le sel dans un bol moyen jusqu'à consistance lisse.

d) Remplissez un grand bol de glace et d'eau.

Pour la purée de pêche

e) Mixez les pêches au robot culinaire. Transférer ⅔ tasse de purée dans un petit bol. Réservez le reste pour une autre utilisation.

f) Mélanger le sucre et le jus de citron dans une casserole moyenne et porter à ébullition à feu moyen-vif, en remuant jusqu'à ce que le sucre se dissolve. Ajouter à la purée de pêches et laisser refroidir.

g) Cuire Mélanger le reste du lait, la crème, le sucre et le sirop de maïs dans une casserole de 4 pintes, porter à ébullition à feu moyen-vif et faire bouillir pendant 4 minutes. Retirer du feu et incorporer progressivement la purée de fécule de maïs. Ramener le mélange à ébullition à feu moyen-élevé et cuire, en remuant avec une spatule résistante à la chaleur, jusqu'à ce qu'il épaississe légèrement, environ 1 minute. Retirer du feu.

h) Refroidir Incorporer graduellement le mélange de lait chaud au fromage à la crème jusqu'à consistance lisse. Ajouter les 1¼ tasses de yogourt réservées et la purée de pêches. Versez le mélange dans un sac de congélation Ziplock de 1 gallon et plongez le sac scellé dans le bain de glace. Laisser reposer, en ajoutant plus de glace au besoin, jusqu'à ce qu'il soit froid, environ 30 minutes.

i) Congeler Retirez la boîte congelée du congélateur, assemblez votre machine à crème glacée et allumez-la. Versez la base de yogourt glacé dans le contenant congelé et tournez jusqu'à consistance épaisse et crémeuse.

j) Emballez le yogourt glacé dans un récipient de stockage. Presser une feuille de parchemin directement contre la surface et sceller avec un couvercle hermétique. Congeler dans la partie la plus froide de votre congélateur jusqu'à consistance ferme, au moins 4 heures.

29. Yogourt glacé gâteau islandais

Donne environ 1 litre

Ingrédients:

- 1½ tasse de lait entier

- 2 cuillères à soupe de fécule de maïs

- 1¼ tasse de skyr

- 2 onces (4 cuillères à soupe) de fromage à la crème, ramolli

- ½ tasse de crème épaisse

- ⅔ tasse de sucre

- ¼ tasse de sirop de maïs léger

- ½ tasse émietté Gâteau de dame, gelé

- ½ tasse Streusel, fait avec de l'avoine et cuit 20 minutes supplémentaires

- ⅔ tasse Sauce Rhubarbe Compotée

Les directions:

a) Mélanger environ 2 cuillères à soupe de lait avec la fécule de maïs dans un petit bol pour faire une pâte lisse.

b) Fouetter le skyr et le fromage à la crème dans un bol moyen jusqu'à consistance lisse.

c) Remplissez un grand bol de glace et d'eau.

d) Cuire Mélanger le reste du lait, la crème, le sucre et le sirop de maïs dans une casserole de 4 pintes, porter à ébullition à feu moyen-élevé et faire bouillir pendant 4 minutes.

e) Retirer du feu et incorporer progressivement la purée de fécule de maïs. Ramener le mélange à ébullition à feu moyen-élevé et cuire, en remuant avec une spatule résistante à la chaleur, jusqu'à ce qu'il épaississe légèrement, environ 1 minute. Retirer du feu.

f) Refroidir Incorporer graduellement le mélange de lait chaud au fromage à la crème jusqu'à consistance lisse. Versez le mélange dans un sac de congélation Ziplock de 1 gallon et plongez le sac scellé dans le bain de glace. Laisser reposer, en ajoutant plus de glace au

besoin, jusqu'à ce qu'il soit froid, environ 30 minutes.

g) Congeler Retirez la boîte congelée du congélateur, assemblez votre machine à crème glacée et allumez-la. Versez la base de yogourt dans la boîte et tournez jusqu'à consistance épaisse et crémeuse.

h) En travaillant rapidement, emballez le yogourt glacé dans un récipient de stockage, en alternant les couches de yogourt glacé, de gâteau, de streusel et de sauce à la rhubarbe. Presser une feuille de parchemin directement contre la surface et sceller avec un couvercle hermétique.

i) Congeler dans la partie la plus froide de votre congélateur jusqu'à consistance ferme, au moins 4 heures.

SORBET

30. Sorbet Bellini

Donne environ 1 litre

Ingrédients:

- 4 pêches mûres (environ 1¾ livres), pelées, dénoyautées et réduites en purée dans un robot culinaire

- ⅔ tasse de sucre

- ¼ tasse de sirop de maïs léger

- ⅔ tasse de Bourgogne blanc

- 3 cuillères à soupe de jus de citron frais

Les directions:

a) Cuire Mélanger les pêches en purée, le sucre, le sirop de maïs, le vin et le jus de citron dans une casserole moyenne et porter à ébullition, en remuant jusqu'à ce que le sucre soit dissous. Transférer dans un bol moyen et laisser refroidir.

b) Réfrigérer Placer la base de sorbet au réfrigérateur et réfrigérer au moins 2 heures.

c) Congeler Retirez la boîte congelée du congélateur, assemblez votre machine à crème glacée et allumez-la. Verser la base de sorbet dans le bocal et essorer jusqu'à ce qu'elle ait la consistance d'une chantilly très douce.

d) Emballez le sorbet dans un récipient de stockage. Presser une feuille de parchemin directement contre la surface et sceller avec un couvercle hermétique. Congeler dans la partie la plus froide de votre congélateur jusqu'à consistance ferme, au moins 4 heures.

31. Sorbet Pamplemousse

Donne environ 1 litre

Ingrédients:

- 4 raisins

- 3 cuillères à soupe de jus de citron frais

- $\frac{1}{2}$ tasse de sirop de maïs léger

- $\frac{2}{3}$ tasse de sucre

- Arômes facultatifs : Quelques brins d'estragon, de basilic ou de lavande ; ou $\frac{1}{2}$ demi gousse de vanille fendue, graines enlevées

- $\frac{1}{4}$ tasse de vodka

Les directions:

a) Préparation À l'aide d'un économe, prélevez 3 lamelles de zeste d'1 pamplemousse. Coupez tous les raisins en deux et pressez-en 3 tasses de jus.

b) Cuire Mélanger le jus de pamplemousse, le zeste, le jus de citron, le sirop de maïs et le sucre dans une casserole de 4 pintes et porter à ébullition en remuant pour dissoudre le sucre. Transférer dans un bol moyen, ajouter les aromates, si vous en utilisez, et laisser refroidir.

c) Refroidir Retirer le zeste de pamplemousse. Placer la base de sorbet au réfrigérateur et réfrigérer au moins 2 heures.

d) Congeler Sortez la base du sorbet du réfrigérateur et filtrez les aromates. Ajoutez la vodka. Retirez la boîte congelée du congélateur, assemblez votre machine à crème glacée et allumez-la. Verser la base de sorbet dans le bocal et essorer jusqu'à ce qu'elle ait la consistance d'une chantilly très douce.

e) Emballez le sorbet dans un récipient de stockage. Presser une feuille de parchemin directement contre la surface et sceller avec un couvercle hermétique. Congeler dans la partie la plus froide de votre congélateur jusqu'à consistance ferme, au moins 4 heures.

32. Sorbet de saké aux prunes

Donne environ 1 litre

Ingrédients:

- 2 livres de prunes noires mûres (environ 7), dénoyautées mais non pelées

- ⅔ tasse de sucre

- ½ tasse de sirop de maïs léger

- 1 tasse de saké aux prunes

- 2 cuillères à soupe de jus de citron frais

Les directions:

a) Préparation Purée les prunes dans un robot culinaire jusqu'à consistance lisse. Transférer dans un bol moyen.

b) Cuire Mélanger le sucre et le sirop de maïs dans une casserole de 4 pintes et porter à ébullition en remuant pour dissoudre le sucre. Fouettez le sirop de sucre chaud dans les prunes en purée.

c) Réfrigérer Placer le mélange de prunes au réfrigérateur et réfrigérer pendant au moins 2 heures.

d) Filtrer le mélange de prunes à travers un tamis placé au-dessus d'un bol, puis ajouter le saké et le jus de citron.

e) Congeler Retirez la boîte congelée du congélateur, assemblez votre machine à crème glacée et allumez-la. Verser la base de sorbet dans le bocal et essorer jusqu'à ce qu'elle ait la consistance d'une chantilly très douce.

f) Emballez le sorbet dans un récipient de stockage. Presser une feuille de parchemin directement contre la surface et sceller avec un couvercle hermétique.

g) Congeler dans la partie la plus froide de votre congélateur jusqu'à consistance ferme, au moins 4 heures.

33. Sorbet Framboise Rouge

Donne environ 1 litre

Ingrédients:

- 5 pintes de framboises

- 1⅓tasse de sucre

- 1 tasse de sirop de maïs

- ½ tasse de vodka

Les directions:

a) Préparation Réduire les framboises en purée dans un robot culinaire jusqu'à consistance lisse. Passer au tamis pour retirer les graines.

b) Cuire Combiner la purée de framboises, le sucre et le sirop de maïs dans une casserole de 4 pintes et porter à ébullition à feu moyen-vif, en remuant pour dissoudre le sucre. Retirer du feu, transférer dans un bol moyen et laisser refroidir.

c) Réfrigérer Placer la base de sorbet au réfrigérateur et réfrigérer au moins 2 heures.

d) Congeler Sortez la base de sorbet du réfrigérateur et ajoutez la vodka. Retirez la boîte congelée du congélateur, assemblez votre machine à crème glacée et allumez-la. Verser la base de sorbet dans le bocal et essorer jusqu'à ce qu'elle ait la consistance d'une chantilly très douce.

e) Emballez le sorbet dans un récipient de stockage. Presser une feuille de parchemin directement contre la surface et sceller avec un couvercle hermétique.

f) Congeler dans la partie la plus froide de votre congélateur jusqu'à consistance ferme, au moins 4 heures.

34. Sorbet aux fruits à noyau

Donne environ 1 litre

Ingrédients:

- 2 livres de fruits à noyau (comme 1 pêche moyenne pelée, 2 grosses prunes, 4 abricots et 16 cerises rouges foncées), dénoyautées

- ⅔tasse de sucre

- ⅓tasse de sirop de maïs léger

- tasse de vodka aux fruits à noyau

Les directions:

a) Préparation Purée les fruits dans un robot culinaire jusqu'à consistance lisse.

b) Cuire Mélanger les fruits en purée, le sucre et le sirop de maïs dans une casserole de 4 pintes et porter à ébullition en remuant pour dissoudre le sucre. Retirer du feu, transférer dans un bol moyen et laisser refroidir.

c) Refroidir Passer le mélange au tamis dans un autre bol. Placer au réfrigérateur et réfrigérer au moins 2 heures.

d) Congeler Sortir la base de sorbet du réfrigérateur et incorporer la vodka. Retirez la boîte congelée du congélateur, assemblez votre machine à crème glacée et allumez-la. Verser la base de sorbet dans le bocal et essorer jusqu'à ce qu'elle ait la consistance d'une chantilly très douce.

e) Emballez le sorbet dans un récipient de stockage. Presser une feuille de parchemin directement contre la surface et sceller avec un couvercle hermétique. Congeler dans la partie la plus froide de votre congélateur jusqu'à consistance ferme, au moins 4 heures.

35. Sorbet Herbe De Blé & Vinho Verde

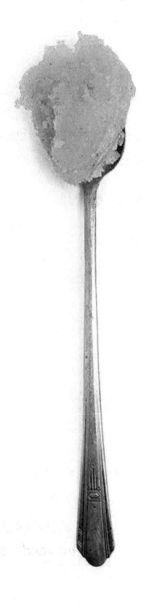

Donne environ 1 litre

Ingrédients:

- 2 poires mûres, coupées en deux, épépinées et coupées en dés

- 2 pommes Granny Smith, pelées, coupées en deux, épépinées et coupées en dés

- $\frac{1}{2}$ tasse de jus d'herbe de blé

- $\frac{1}{2}$ tasse de vinho verde

- $\frac{1}{4}$ tasse de sirop de maïs léger

- 1 tasse de sucre

- 1 cuillère à soupe de jus de citron frais

- $\frac{1}{4}$ cuillère à café de curcuma

Les directions:

a) Préparer Purée les poires et les pommes dans un robot culinaire jusqu'à consistance lisse. Mélanger la purée, le jus d'herbe de blé et le vinho verde dans un bol moyen.

b) Cuire Mélanger le sirop de maïs, le sucre, le jus de citron et le curcuma, si vous en utilisez, dans une casserole moyenne et porter à ébullition en remuant pour dissoudre le sucre. Retirer du feu et incorporer la purée de poires et de pommes jusqu'à ce que le tout soit bien mélangé. Transférer dans un bol moyen et laisser refroidir.

c) Réfrigérer Placer la base de sorbet au réfrigérateur et réfrigérer au moins 2 heures.

d) Congeler Retirez la boîte congelée du congélateur, assemblez votre machine à crème glacée et allumez-la. Verser la base de sorbet dans le bocal et essorer jusqu'à ce qu'elle ait la consistance d'une chantilly très douce.

e) Emballez le sorbet dans un récipient de stockage. Presser une feuille de parchemin directement contre la surface et sceller avec un couvercle hermétique. Congeler dans la partie la plus froide de votre congélateur jusqu'à consistance ferme, au moins 4 heures.

DESSERTS GLACÉS AU FOUR

36. Gateau au chocolat

Donne 8 à 10 portions

Ingrédients:

- $1\frac{1}{4}$ tasse de farine tout usage non blanchie ou de farine sans gluten

- $1\frac{1}{4}$ tasse de sucre

- $\frac{1}{2}$ cuillère à café de bicarbonate de soude

- $\frac{1}{2}$ cuillère à café de sel de mer fin

- $4\frac{1}{2}$ onces de chocolat non sucré (99 % de cacao), finement haché

- $\frac{1}{4}$ tasse de cacao en poudre non sucré

- 1 tasse de café chaud

- $\frac{2}{3}$ tasse de crème sure

- 1 gros œuf battu

- 2 cuillères à café d'extrait de vanille

- Glaçage au chocolat Pour servir

- Cacao en poudre pour saupoudrer

- Glace au choix pour servir

Les directions:

a) Placer une grille au centre du four et préchauffer le four à 325 °F. Beurrer un moule à gâteau rond de 9 pouces. Placez un rond de papier sulfurisé au fond et beurrez-le, puis saupoudrez le moule de farine, et secouez l'excédent.

b) Mélanger la farine, le sucre, le bicarbonate de soude et le sel dans un grand bol.

c) Mélanger le chocolat et le cacao. Verser le café chaud sur le mélange et fouetter jusqu'à consistance lisse. Incorporer la crème sure, l'œuf et la vanille. Incorporer le mélange de crème sure au mélange de farine jusqu'à ce qu'il soit juste combiné.

d) Répartir la pâte dans le moule à cake et lisser le dessus avec le dos d'une cuillère. Cuire au four 40 à 45 minutes, jusqu'à ce qu'un cure-dent inséré au centre en ressorte avec juste quelques miettes humides qui s'y accrochent. Laisser refroidir complètement dans le moule sur une grille.

e) Retourner le gâteau et retirer le parchemin. Un saupoudrage de sucre en poudre est tout ce dont ce gâteau a besoin. Ou essayez-le recouvert d'une couche de glaçage au chocolat, saupoudré de poudre de cacao et servi avec une boule de crème glacée comme sur la photo.

37. Gâteau de dame

Donne 8 à 12 portions

Ingrédients:

- 1 tasse de farine à gâteau (non auto-levante), farine de blé à pâtisserie, fécule de maïs ou farine sans gluten

- $\frac{1}{4}$ cuillère à café de bicarbonate de soude

- $\frac{1}{2}$ cuillère à café de levure chimique

- $\frac{3}{4}$ cuillère à café de sel de mer fin

- 6 cuillères à soupe ($\frac{3}{4}$ de bâton) de beurre non salé, ramolli

- $\frac{3}{4}$ tasse de sucre

- 2 gros œufs, à température ambiante

- 1 cuillère à café d'extrait de vanille

- $\frac{3}{4}$ tasse de crème sure ou de babeurre

Les directions:

a) Préchauffer le four à 325 °F. Beurrer le fond d'un moule à gâteau rond de 9 pouces. Tapisser d'un rond de papier sulfurisé et beurrer le papier.

Saupoudrer de farine et secouer l'excédent.

b) Tamiser ensemble la farine, le bicarbonate de soude, la levure chimique et le sel deux fois. Mettre de côté. Mélanger le beurre et le sucre dans un bol moyen et battre à grande vitesse avec un batteur électrique jusqu'à consistance épaisse et pâle, environ 4 minutes, en raclant les parois du bol au besoin. Ajouter 1 œuf et battre jusqu'à ce qu'il soit bien incorporé. Ajouter le deuxième œuf et la vanille et battre jusqu'à ce qu'ils soient bien incorporés. Racler les parois du bol et battre la pâte jusqu'à consistance lisse.

c) Ajouter environ un tiers du mélange de farine et incorporer délicatement avec une spatule en caoutchouc. Incorporer environ la moitié de la crème sure. Ajouter un autre tiers du mélange de farine et l'incorporer, puis incorporer le reste de crème sure et enfin incorporer le reste de la farine. Ne pas trop mélanger.

d) Verser la pâte dans le moule préparé.
Cuire au four 40 à 50 minutes, jusqu'à ce
qu'un cure-dent inséré au centre en
ressorte avec quelques miettes humides
qui s'y accrochent. Laisser refroidir
dans le moule sur une grille pendant 10
minutes, puis retourner le gâteau sur une
grille, retirer le papier sulfurisé et
laisser refroidir complètement.

38. Gâteau Meringué

Donne 8 portions

Ingrédients:

- 4 gros blancs d'œufs, à température ambiante

- cuillère à café de crème de tartre

- 1 tasse de sucre

- Base pour 1 fournée de glace au choix (préparée la veille et réfrigérée une nuit)

Les directions:

a) Placer les grilles dans les tiers supérieur et inférieur du four et préchauffer le four à 200°F. Dessinez un cercle de 8 pouces sur chacune des deux feuilles de parchemin, retournez le papier et tapissez deux grandes plaques à pâtisserie de parchemin.

b) À l'aide d'un batteur électrique, battre les blancs d'œufs dans un grand bol à vitesse moyenne-basse jusqu'à ce qu'ils soient juste mousseux, environ 45 secondes.

c) Ajouter la crème de tartre, augmenter la vitesse à moyen-élevé et battre les blancs d'œufs jusqu'à ce qu'ils soient blancs et épais (la consistance de la crème à raser), environ 2 minutes.

d) Saupoudrer lentement de sucre en battant jusqu'à ce qu'il soit incorporé, puis battre les blancs jusqu'à ce qu'ils forment des pics fermes. (Retournez le batteur : si les pics ne s'affaissent pas, ils sont prêts.)

e) Monter une poche à douille avec une douille unie de $\frac{1}{4}$ de pouce et remplir de meringue. Pochez la meringue en spirale, dans chaque cercle tracé, en partant du centre vers l'extérieur.

f) Cuire au four pendant 1 h 30 ou jusqu'à ce que l'extérieur des meringues soit lisse, sec et ferme. Éteindre le four et laisser refroidir les meringues dans le four pendant plusieurs heures.

g) Disposez un morceau de parchemin entre les meringues, enveloppez-le dans une pellicule plastique et congelez-le pendant la nuit.

h) Le lendemain, sortez le récipient congelé du congélateur, assemblez votre machine à crème glacée et allumez-la. Verser la base de crème glacée dans le congélateur et faire tourner jusqu'à consistance épaisse et crémeuse.

i) Lorsque la crème glacée est prête, éteignez la machine et laissez la crème glacée dedans.

j) Sortez une coquille de meringue du congélateur et placez-la à l'envers sur une plaque à pâtisserie recouverte de papier sulfurisé. En travaillant rapidement, cuillère et étaler environ 2 pouces de crème glacée sur la meringue, en allant à environ $\frac{1}{2}$ pouce du bord.

k) Sortez la deuxième meringue du congélateur et posez-la rapidement dessus, endroit vers le haut. Remettez le gâteau meringué au congélateur et congelez pendant au moins 4 heures, ou jusqu'à 1 jour.

l) Emballez la crème glacée restante dans un récipient de stockage. Presser une feuille de parchemin directement contre la surface et sceller avec un couvercle hermétique. Congeler dans la partie la plus froide de votre congélateur jusqu'à fermeté, au moins 4 heures, pour servir à un autre moment.

m) Pour servir, sortez le gâteau du congélateur, coupez-le en 8 morceaux et servez immédiatement.

39. Gâteau Mochi

Donne 8 à 10 portions

Ingrédients:

- 2 tasses de farine de riz sucré

- $1\frac{1}{4}$ tasse de sucre

- $1\frac{3}{4}$ cuillères à café de levure chimique

- Pincée de cannelle moulue

- $1\frac{1}{3}$ tasse de lait évaporé

- $1\frac{1}{4}$ tasse de lait de coco non sucré

- 2 gros œufs, à température ambiante

- $1\frac{1}{2}$ cuillères à café d'extrait de vanille

- $5\frac{1}{2}$ cuillères à soupe de beurre non salé, fondu

Les directions:

a) Placer une grille au centre du four et préchauffer le four à 350 °F. Beurrer un moule à pain de 9 x 5 pouces.

b) Tamiser ensemble la farine de riz, le sucre, la poudre à pâte et la cannelle dans un grand bol.

c) Ajouter le lait évaporé, le lait de coco, les œufs, la vanille et le beurre dans un bol et fouetter pour combiner. Créez un petit puits au milieu des ingrédients secs, versez-y les ingrédients liquides et remuez jusqu'à ce que le tout soit bien mélangé.

d) Versez la pâte dans le moule à cake et enfournez 35 minutes.

e) Faites tourner le moule à gâteau et faites cuire environ 35 minutes de plus, jusqu'à ce qu'un cure-dent inséré au centre du gâteau en ressorte avec quelques miettes humides qui s'y accrochent.

f) Refroidir le gâteau dans le moule sur une grille pendant 10 minutes, puis retourner sur une grille pour refroidir complètement.

g) Couper le mochi en cubes de 1 pouce. Faites fondre 1 cuillère à soupe de beurre non salé dans une grande sauteuse. Ajouter les cubes, laisser reposer jusqu'à ce qu'ils soient dorés au

fond, puis répéter de chaque côté.
Servir éparpillé autour de la crème
glacée et des fruits.

40. Gâteau au pouding au gruau moulu

Donne 8 à 10 portions

Ingrédients:

- 3 tasses d'eau tiède

- $\frac{3}{4}$ tasse de gruau moulu sur pierre

- $1\frac{1}{4}$ tasse de farine tout usage non blanchie ou de farine sans gluten

- $1\frac{1}{2}$ cuillères à café de levure chimique

- $\frac{1}{2}$ cuillère à café de sel de mer fin

- $\frac{1}{2}$ livre (2 bâtonnets) de beurre non salé, ramolli

- 1 tasse plus 2 cuillères à soupe de sucre

- 4 gros œufs, à température ambiante

- $\frac{1}{2}$ tasse de crème sure ou de babeurre

- Sauce Caramel Ancho-Orange Pour servir

- Glace au choix pour servir

Les directions:

a) Porter l'eau à ébullition dans une casserole de 2 pintes.

b)   Ajouter le gruau en fouettant
     constamment, puis cuire, en remuant de
     temps en temps, jusqu'à ce qu'il soit
     tendre et se décoller légèrement des
     parois de la casserole, 25 à 30 minutes.
     Retirer du feu et laisser refroidir à
     température ambiante.

c)   Placer une grille au centre du four et
     préchauffer le four à 350 °F. Beurrer un
     plat allant au four de 9 x 13 pouces.

d)   Mélanger la farine, la poudre à pâte et le
     sel dans un bol moyen.

e)   À l'aide d'un batteur électrique, battre
     le beurre et le sucre dans un grand bol
     jusqu'à consistance légère et mousseuse,
     environ 2 minutes. Ajouter les œufs un à
     un en battant bien après chaque ajout.

f)   Incorporer la crème sure et le gruau,
     puis ajouter le mélange de farine et
     battre jusqu'à ce qu'il soit incorporé.
     Étaler la pâte uniformément dans le
     moule préparé.

g) Enfournez le gâteau pendant 35 à 40 minutes, jusqu'à ce qu'il soit doré et qu'un cure-dent inséré au centre en ressorte avec quelques miettes humides qui s'y accrochent. Transférer le gâteau sur une grille et laisser refroidir dans le moule pendant 5 minutes, puis passer un couteau sur les bords du gâteau pour le décoller, le retourner sur une grille et laisser refroidir complètement.

h) Servir avec une bonne dose de sauce caramel ancho-orange et une ou deux boules de crème glacée.

41. Tarte Feuille

Donne 8 à 10 portions

Ingrédients:

Pâte

- $3\frac{3}{4}$ tasses de farine tout usage non blanchie

- $1\frac{1}{2}$ cuillères à café de sel de mer fin

- $\frac{3}{4}$ tasse de shortening végétal froid

- 12 cuillères à soupe ($1\frac{1}{2}$ bâtonnets) de beurre non salé, coupé en morceaux et réfrigéré, ou de shortening végétal

- $\frac{1}{2}$ tasse plus 1 cuillère à soupe d'eau glacée

- 1 œuf large

- 1 cuillère à café d'eau

Garniture aux fruits

- 3 livres de pommes, prunes, pêches ou cerises, tranchées, pelées et épépinées ; ou de la rhubarbe, coupée en morceaux de $\frac{1}{2}$ pouce; ou mûres entières, framboises ou bleuets

- $\frac{1}{2}$ cuillère à café de cannelle moulue, cardamome ou muscade

- 1 cuillère à soupe de jus de citron frais

- $\frac{1}{2}$ tasse) de sucre

- $\frac{1}{4}$ tasse de farine tout usage

Les directions:

a) Pour faire la pâte, mélanger la farine et le sel dans un grand bol. À l'aide de deux couteaux ou d'un emporte-pièce, coupez le shortening et le beurre jusqu'à ce que le mélange ressemble à de la farine grossière. Incorporer l'eau glacée et bien mélanger.

b) Former une boule avec la pâte et la pétrir légèrement avec le talon de la main sur un plan de travail pendant quelques secondes pour bien répartir les graisses. Divisez la pâte en deux.

c) Façonner chaque moitié en boule, aplatir en un disque et envelopper dans une pellicule plastique. Réfrigérer au moins 1 heure.

d) Pendant ce temps, pour faire la garniture, mettez les fruits dans un grand bol, ajoutez tous les ingrédients restants et remuez jusqu'à ce que les fruits soient uniformément enrobés.

e) Préchauffer le four à 350 °F.

f) Lorsque la pâte a reposé pendant une heure, farinez légèrement une surface de travail et étalez un morceau de pâte en un rectangle de 12 par 16 pouces.

g) Rouler la pâte sur le rouleau à pâtisserie et la transférer dans un quart de tôle en la centrant dans le moule et en pressant la pâte contre les bords.

h) Versez la garniture dans le moule et étalez-la en une fine couche.

i) Abaisser le deuxième morceau de pâte à la taille de votre quart de plaque. Faites-y quelques trous avec un emporte-pièce pour que la vapeur puisse s'échapper, ou percez plusieurs fois la pâte avec une fourchette.

j) Placez-le sur la garniture. Replier les bords de la croûte inférieure sur la croûte supérieure. Battez l'œuf avec 1 cuillère à café d'eau pour faire une dorure et badigeonnez-en le dessus de la croûte.

k) Cuire au four pendant 45 minutes, ou jusqu'à ce qu'ils soient uniformément dorés et que les bords soient devenus très dorés.

l) Servir immédiatement ou laisser refroidir sur une grille et servir chaud ou à température ambiante.

42. Tartelettes à la crème glacée à la française

Donne 12 tartes

Ingrédients:

- 1 lot de pâte à sucre (la recette suit)

- Environ 1 litre de crème glacée de votre choix, telle queCrème glacée à la vanille salée

- $\frac{1}{2}$ tasse de confiture d'abricots du commerce ou maison

- 3 pintes de fruits frais de votre choix, réfrigérés

- Crème fouettée(optionnel)

Les directions:

a) Préchauffer le four à 350 °F. Découpez 12 cercles de parchemin et tapissez douze moules à tarte de 4 pouces.

b) Abaisser la pâte sur environ $\frac{1}{8}$ de pouce d'épaisseur. Découpez douze ronds de 5 pouces. Façonner chaque tour dans un moule à tarte. Placez-le sur une plaque à biscuits.

c) Cuire au four pendant 20 minutes, jusqu'à ce qu'ils soient dorés. Laisser refroidir complètement sur une grille, retirer les fonds de tarte des moules et congeler au moins 30 minutes.

d) Sortez les fonds de tarte du congélateur, remplissez à moitié de crème glacée fraîchement préparée ou ramollie et remettez au congélateur pendant au moins 1 heure. Mélanger les fruits refroidis avec la confiture d'abricots.

e) Sortir les fonds de tarte du congélateur et garnir de tas ou de motifs de fruits glacés et de chantilly. Servir.

43. Pâte à Sucre

Donne assez pour 12 tartes à la main ou Piekies

Ingrédients:

- 1½ tasse de farine tout usage non blanchie

- ⅓ tasse de sucre

- 8 cuillères à soupe (1 bâton) de beurre non salé, coupé en cubes de ½ pouce et réfrigéré

- 2 onces (4 cuillères à soupe) de fromage à la crème

- 2 gros jaunes d'œufs, légèrement battus

- 2 cuillères à soupe de crème épaisse très froide

Les directions:

a) Mettez la farine, le sucre, le beurre et le fromage à la crème dans un robot culinaire et mélangez jusqu'à ce que le mélange ressemble à de la farine d'amande.

b) Ajouter les jaunes d'œufs et la crème et pulser (ou continuer à mélanger avec vos mains jusqu'à homogénéité).

c) Divisez la pâte en deux. Pétrir la moitié de la pâte jusqu'à ce qu'elle forme une boule, puis la presser en un disque plat d'environ 2 pouces d'épaisseur. Faites de même avec la seconde moitié.

d) Envelopper chaque portion de pâte dans une pellicule plastique et réfrigérer au moins 1 heure avant de l'utiliser.

44. Piekies

Donne 12 à 24 Piekies

Ingrédients:

- Pâte à Sucre

- 1 tasse de sucre

- 1 cuillère à soupe de fécule de maïs

- 1 livre de fraises, prunes, pêches, nectarines et/ou pommes, pelées, dénoyautées et tranchées très finement à l'aide d'une mandoline ou d'un couteau très tranchant, ou de cerises, dénoyautées et coupées en dés, ou une combinaison

Les directions:

a) Préchauffer le four à 350 °F. Beurrez deux plaques à pâtisserie ou tapissez-les de papier sulfurisé.

b) Abaisser la pâte sur environ $\frac{1}{8}$ de pouce d'épaisseur. À l'aide d'un biscuit ou d'un emporte-pièce, couper en cercles de $2\frac{1}{2}$ à 3 pouces et placer sur les plaques à pâtisserie.

c) Mélanger le sucre et la fécule de maïs dans un petit bol. Enrober généreusement chaque tranche de fruit en la trempant dans le mélange de sucre, en la retournant pour l'enrober.

d) Déposez une tranche au centre d'un cercle de pâte, puis disposez d'autres tranches de fruits autour. Superposez les fruits au besoin. Répétez avec toute la pâte et les fruits restants.

e) Cuire au four pendant 25 minutes, jusqu'à ce qu'ils soient dorés. Retirer du four et laisser refroidir sur le moule pendant 2 minutes, puis transférer sur une grille et laisser refroidir complètement.

f) Servir immédiatement à côté de votre crème glacée préférée ou conserver au réfrigérateur jusqu'à 3 jours.

45. Bette Pomme Rhubarbe

Donne 9 portions

Ingrédients:

- 1 livre de pommes Honeycrisp ou Pink Lady, pelées, épépinées et tranchées

- 1 livre de rhubarbe, parée et coupée en tranches de $\frac{1}{4}$ de pouce

- $\frac{1}{4}$ cuillère à café de cannelle moulue

- $\frac{1}{8}$ cuillère à café de muscade moulue

- $\frac{1}{2}$ cuillère à café de sel de mer fin

- 2 cuillères à soupe de jus de citron frais

- 1 tasse de sucre

- 1 cuillère à soupe de farine tout usage non blanchie

- 10 onces de croissants ou de brioche (croûtes enlevées), coupés en dés de 1 pouce (environ $4\frac{1}{2}$ tasses)

- 12 cuillères à soupe ($1\frac{1}{2}$ bâtonnets) de beurre non salé, fondu

Les directions:

a) Préchauffer le four à 375 °F. Beurrer un plat allant au four de 8 x 8 pouces.

b) Mélanger les pommes et la rhubarbe dans un bol moyen. Ajouter la cannelle, la muscade, le sel, le jus de citron, $\frac{3}{4}$ tasse de sucre et la farine, et mélanger jusqu'à ce que le sucre soit dissous et que les fruits tranchés soient complètement enrobés.

c) Mélanger le pain et le $\frac{1}{4}$ tasse de sucre restant dans un autre bol moyen. Versez $\frac{1}{2}$ tasse de beurre fondu sur le pain et mélangez doucement, de sorte que les cubes restent pour la plupart intacts, pour enrober.

d) Pour assembler la Bette, étalez les deux tiers des fruits au fond du plat allant au four. Répartir un tiers du pain sur les fruits. Répétez avec le reste des fruits et du pain.

e) Verser le $\frac{1}{4}$ de tasse de beurre restant sur le dessus et couvrir de papier d'aluminium. Cuire au four 40 minutes. Retirez le papier d'aluminium et poursuivez la cuisson pendant 10 à 15 minutes, jusqu'à ce qu'ils soient dorés. Servir chaud à la sortie du four.

46. Cordonnier aux bleuets

Donne 9 portions

Ingrédients:

- $2\frac{1}{2}$ livres de bleuets

- 1 tasse de sucre

- $\frac{1}{4}$ cuillère à café de sel de mer fin

- Jus de 1 citron

- $\frac{1}{2}$ de pâte pour Shortcakes à la crème sucrée

Les directions:

a) Beurrer un moule de 8 x 8 pouces.

b) Mélanger les bleuets avec le sucre, le sel et le jus de citron dans un bol moyen, en remuant pour enrober.

c) Ajouter au plat préparé. Verser la pâte sur les fruits, faire 9 biscuits égaux.

d) Préchauffer le four à 375 °F.

e) Cuire le cordonnier pendant 35 minutes, jusqu'à ce que le dessus des biscuits soit doré et que les baies bouillonnent.

f) Sortir du four et laisser refroidir un peu avant de servir.

47. Croustade aux poires et aux mûres

Donne 9 portions

Ingrédients:

Streusel

- $\frac{3}{4}$ tasse de farine tout usage non blanchie

- $\frac{1}{4}$ tasse de cassonade tassée

- $\frac{1}{4}$ cuillère à café de cannelle moulue

- $\frac{1}{8}$ cuillère à café de muscade moulue

- 5 cuillères à soupe de beurre non salé, coupé en dés et réfrigéré

- $\frac{3}{4}$ tasse d'amandes tranchées, de flocons de noix de coco râpés non sucrés ou d'avoine

Garniture aux fruits

- 1 livre de poires Comice ou Bartlett (environ 2 poires), pelées, épépinées et coupées en quartiers de $\frac{1}{2}$ pouce d'épaisseur

- 2 tasses de mûres

- $\frac{3}{4}$ tasse de sucre

- 2 cuillères à soupe de farine tout usage

- $\frac{1}{4}$ cuillère à café de cannelle moulue

- $\frac{1}{8}$ cuillère à café de muscade râpée

- $\frac{1}{2}$ cuillère à café de sel de mer fin

- 2 cuillères à soupe de beurre

Les directions:

a) Préchauffer le four à 325 °F.

b) Pour faire le streusel, mélanger la farine, le sucre, la cannelle et la muscade dans un petit bol. Ajouter le beurre et le frotter du bout des doigts jusqu'à ce que le mélange ressemble à de la farine grossière.

c) Ajouter les amandes et frotter le mélange du bout des doigts jusqu'à ce que de petits grumeaux se forment. Étaler sur une plaque à pâtisserie.

d) Cuire le streusel pendant 20 minutes. Épluchez avec une fourchette et, si nécessaire, faites cuire quelques minutes de plus, jusqu'à ce qu'elles soient dorées.

e) Sortir du four et laisser refroidir. Augmenter la température du four à 375 °F.

f) Beurrer un plat allant au four de 8 x 8 pouces. Mélanger les poires, les baies, le sucre, la farine, les épices et le sel dans un grand bol.

g) Transférer dans le plat préparé. Parsemer de beurre. Répartir le streusel uniformément sur le dessus.

h) Cuire au four environ 45 minutes, jusqu'à ce que les jus de fruits bouillonnent et épaississent et que le streusel soit brun foncé. Refroidir légèrement avant de servir.

48. Biscuits Maison Bauer

Donne environ 13 biscuits

Ingrédients:

- $\frac{1}{4}$ once (1 sachet) de levure sèche active

- $\frac{1}{4}$ tasse d'eau tiède (105 à 115 °F)

- 2 cuillères à soupe de sucre

- $3\frac{1}{4}$ tasses de farine auto-levante, de préférence blanchie au lys blanc

- 6 cuillères à soupe ($\frac{3}{4}$ de bâton) de beurre froid non salé, coupé en cuillères à soupe

- 1 tasse de babeurre, à température ambiante

- 2 cuillères à soupe de beurre salé, ramolli, pour le dessus des biscuits

Les directions:

a) Mélanger la levure, l'eau tiède et 1 cuillère à café de sucre dans un bol moyen. Mettre de côté jusqu'à ce que la levure ait l'air mousseuse, environ 10 minutes.

b) Mélanger la farine et les 5 cuillères à café de sucre restantes dans un grand bol.

c) Utilisez un coupe-pâte ou deux couteaux pour couper le beurre jusqu'à ce que le mélange ait l'air farineux.

d) Incorporer le babeurre dans la levure dissoute. À l'aide d'une fourchette, incorporer le mélange de farine jusqu'à ce qu'il soit humidifié et que vous ayez une pâte hirsute.

e) Couvrir et réfrigérer toute la nuit ou jusqu'à 3 jours.

f) Sortez la pâte du réfrigérateur et pétrissez-la brièvement, environ 8 tours, jusqu'à ce qu'elle se rassemble et que la surface soit lisse.

g) Sur une surface très légèrement farinée, étalez-la en un rectangle de 7 x 11 pouces d'environ $\frac{3}{4}$ de pouce d'épaisseur, en farinant le rouleau à pâtisserie avec parcimonie au besoin. Brossez tout excès de farine de la pâte et repliez une extrémité courte sur le centre de la pâte, puis repliez l'autre extrémité de sorte que la pâte soit pliée en trois.

h) Tournez la pâte d'un tour de manière à ce qu'une extrémité courte soit vers vous et étalez-la sur environ $\frac{3}{4}$ de pouce d'épaisseur. Enlevez l'excédent de farine et pliez à nouveau la pâte en trois.

i) Retournez la pâte une fois de plus et abaissez-la doucement jusqu'à environ $\frac{1}{2}$ pouce d'épaisseur; le rectangle fini mesurera environ 7 pouces sur 11 pouces.

j) Avec un emporte-pièce rond de 2 pouces, découpez 13 biscuits. Assurez-vous que la pâte est encore très froide (refroidissez-la si nécessaire), afin que le cutter coupe proprement; si la pâte est trop molle, le cutter peut sceller les côtés et les biscuits ne lèveront pas.

k) Disposer les biscuits dans un moule à gâteau rond non graissé de 9 pouces, 10 autour de l'extérieur et 3 au milieu. Rassemblez les restes, étalez-les et coupez d'autres biscuits.

l) Mettez-les dans une petite casserole pour une gâterie pour vous ou vos tout-petits - ils n'auront pas l'air parfaits, mais ils auront toujours bon goût.

m) Couvrir les biscuits d'un linge humide non pelucheux et laisser lever dans un endroit chaud (environ 80°F) jusqu'à ce qu'ils aient doublé de volume, environ 2 heures.

49. Shortcakes à la crème sucrée

Donne 9 à 12 portions

Ingrédients:

- 3 tasses de farine auto-levante, de préférence White Lily

- 4 cuillères à soupe de beurre non salé froid

- 2⅔ tasses de crème épaisse

Les directions:

a) Préchauffer le four à 450 °F. Beurrer un quart de plaque.

b) Mettre la farine et le beurre froid dans un robot culinaire et pulser 15 fois. Ajouter la crème et pulser jusqu'à ce que la pâte se rassemble en un désordre hirsute.

c) Retournez la pâte sur une surface légèrement farinée et pressez-la ensemble.

d) Pliez la pâte en deux, puis repliez-la sur elle-même deux ou trois fois, jusqu'à ce qu'elle ne fasse plus de grumeaux. Étalez

la pâte sur le moule, elle s'étale
facilement, vous pouvez donc utiliser vos
mains.

e) Cuire au four pendant 20 à 25 minutes,
ou jusqu'à ce qu'ils soient légèrement
dorés. Sortez le gâteau du four et
laissez-le refroidir sur une grille.

50. Biscuits aux truffes au chocolat

Donne environ 16 biscuits

Ingrédients:

- 8 cuillères à soupe (1 bâton) de beurre non salé

- 8 onces de chocolat noir (64% de cacao ou plus), haché grossièrement

- $\frac{1}{2}$ tasse de farine tout usage non blanchie ou de farine sans gluten

- 2 cuillères à soupe de poudre de cacao hollandaise (99% de cacao)

- $\frac{1}{4}$ cuillère à café de sel de mer fin

- $\frac{1}{4}$ cuillère à café de bicarbonate de soude

- 2 gros œufs, à température ambiante

- $\frac{1}{2}$ tasse) de sucre

- 2 cuillères à café d'extrait de vanille

- 1 tasse de pépites de chocolat noir (64% de cacao ou plus)

Les directions:

a) Faire fondre le beurre et le chocolat noir au bain-marie à feu doux en remuant de temps en temps jusqu'à ce qu'ils soient complètement fondus. Refroidir complètement.

b) Mélanger la farine, la poudre de cacao, le sel et le bicarbonate de soude dans un petit bol. Mettre de côté.

c) À l'aide d'un batteur électrique, battre les œufs et le sucre dans un grand bol à haute vitesse jusqu'à consistance légère et mousseuse, environ 2 minutes. Ajouter la vanille, puis ajouter le chocolat fondu et le beurre et battre pendant 1 à 2 minutes, jusqu'à homogénéité.

d) Racler les parois du bol et, à l'aide d'une grande spatule en caoutchouc, incorporer les ingrédients secs jusqu'à ce qu'ils soient incorporés. Incorporer les pépites de chocolat. Couvrir d'une pellicule plastique et réfrigérer au moins 4 heures.

e) Placer une grille au centre du four et préchauffer le four à 325 °F. Tapisser une plaque à pâtisserie de papier sulfurisé.

f) Mouillez vos mains avec de l'eau et roulez la pâte en boules de 2 pouces, en les plaçant à environ 2 pouces d'intervalle sur la plaque à pâtisserie tapissée. Travaillez rapidement et si vous faites cuire les biscuits par lots, réfrigérez le reste de la pâte entre les tours.

g) Cuire au four pendant 12 à 13 minutes, jusqu'à ce que les bords soient légèrement gonflés et que le centre soit presque pris. Retirer du four et laisser refroidir sur le moule pendant au moins 10 minutes, puis transférer sur une grille et laisser refroidir complètement.

Pour assembler des sandwichs à la crème glacée

h) Mettez les biscuits sur une plaque et congelez pendant 1 heure. Ramollir 1 litre de crème glacée jusqu'à ce qu'elle soit cuillère. J'aime rester simple et utiliserCrème glacée à la crème sucrée, mais vous pouvez utiliser la saveur que vous voulez.

i) Retirez les biscuits du congélateur et, en travaillant rapidement, déposez 2 à 4 onces de crème glacée sur un biscuit. Étalez la crème glacée en plaçant un autre biscuit sur le dessus. Répéter.

j) Lorsque vous avez fini d'assembler tous les sandwichs, remettez-les au congélateur pendant au moins 2 heures pour qu'ils durcissent.

51. Sandwichs à la crème d'avoine

Donne 24 biscuits

Ingrédients:

- 1½ tasse de farine tout usage non blanchie

- 2 tasses de flocons d'avoine à cuisson rapide (gruau instantané)

- 1 cuillère à café de bicarbonate de soude

- ¼ cuillère à café de cannelle moulue

- ½ livre (2 bâtonnets) de beurre non salé, ramolli

- 1½ tasses de cassonade claire tassée

- ¾ cuillère à café de sel de mer fin

- 1 cuillère à café d'extrait de vanille

- 2 gros œufs, à température ambiante

- 1 pinte Crème glacée au fromage fermier et à la confiture de goyave, ou autre glace de votre choix

Les directions:

a) Placer une grille au centre du four et préchauffer le four à 325 °F. Tapisser deux plaques à pâtisserie de papier parchemin.

b) Mélanger la farine, les flocons d'avoine, le bicarbonate de soude et la cannelle dans un bol et bien mélanger. À l'aide d'un batteur électrique, battre le beurre dans un grand bol jusqu'à consistance lisse et crémeuse.

c) Ajouter le sucre et le sel et battre jusqu'à ce que le mélange soit de couleur claire et mousseux; racler les parois du bol au besoin. Ajouter l'extrait de vanille et battre juste pour combiner.

d) Ajouter les œufs un à un en battant bien après chaque ajout. La pâte doit être lisse et crémeuse.

e) Ajouter la moitié des ingrédients secs et mélanger à basse vitesse jusqu'à ce qu'ils soient tout juste combinés. Ajouter le reste de la farine et mélanger jusqu'à homogénéité. Attention à ne pas trop travailler la pâte.

f) Utilisez une cuillère de 1 once pour répartir la pâte sur les plaques à pâtisserie, en espaçant les biscuits d'environ 2 pouces.

g) Aplatir légèrement les biscuits avec le talon de la main ou avec le dos d'une cuillère en bois.

h) Cuire les biscuits pendant 7 minutes. Faites pivoter le moule et faites cuire pendant 4 à 6 minutes de plus, ou jusqu'à ce que les biscuits soient très légèrement dorés sur les bords mais à peine pris au centre.

i) Laisser refroidir les biscuits 10 minutes sur la plaque à pâtisserie. Ensuite, empilez-les dans un récipient ou dans un sac de congélation Ziplock de 1 gallon et congelez pendant 2 heures.

j) Pour assembler les sandwichs à la crème, placez 3 biscuits surgelés sur une plaque à pâtisserie. Mettez une boule arrondie (2 à 3 onces) de crème glacée légèrement ramollie sur chaque biscuit.

k) Garnir de trois autres biscuits, en écrasant les deux biscuits ensemble jusqu'à ce que la crème glacée s'aplatisse et touche les bords extérieurs.

l) Remettez les sandwichs à la crème entièrement assemblés dans le congélateur et répétez avec les biscuits restants.

52. Gâteau aux choux à la crème et aux éclairs

Donne 6 à 12 portions

Ingrédients:

- 1 tasse d'eau tiède

- 4 cuillères à soupe ($\frac{1}{2}$ bâton) de beurre non salé, coupé en morceaux

- 1 tasse de farine tout usage non blanchie ou de farine sans gluten

- 4 gros œufs, à température ambiante

- Crème glacée à la vanille salée ou Crème glacée au chocolat au lait de chèvre salé

- Glaçage au chocolat (utiliser 4 cuillères à soupe de lait entier)

Les directions:

a) Préchauffer le four à 400°F.

b) Mélanger l'eau et le beurre dans une casserole moyennement épaisse et porter à ébullition en remuant pour faire fondre le beurre. Verser toute la farine et mélanger jusqu'à ce que le mélange forme une boule.

c) Retirer du feu et incorporer les œufs un à un au batteur électrique.

Pour les choux à la crème

d) Déposez six monticules individuels de pâte de 4 pouces sur une plaque à biscuits non graissée (pour les petites bouffées, faites douze monticules de 2 pouces). Cuire au four jusqu'à ce qu'ils soient dorés, environ 45 minutes. Sortir du four et laisser refroidir.

Pour les éclairs

e) Montez une poche à douille avec un embout uni de $\frac{1}{4}$ de pouce, puis déposez six à douze bandes de 4 pouces sur une plaque à biscuits non graissée. Cuire au four jusqu'à ce qu'ils soient dorés, environ 45 minutes. Sortir du four et laisser refroidir.

Pour un gâteau aux anneaux

f) Déposez même des cuillerées de pâte sur une plaque à biscuits non graissée pour former un ovale de 12 pouces. Cuire au four jusqu'à ce qu'ils soient dorés, de 45 à 50 minutes. Sortir du four et laisser refroidir.

Assembler

g) Préparez le glaçage. Coupez les choux à la crème, les éclairs ou le gâteau en deux. Remplissez de crème glacée et remettez le(s) dessus.

h) Pour les choux à la crème, tremper le dessus de chaque chou dans le chocolat. Pour les éclairs, versez généreusement le glaçage dessus. Pour le gâteau annulaire, incorporer 5 cuillères à soupe de lait supplémentaires dans le glaçage; arrosez-le sur le gâteau annulaire.

i) Pour servir, disposer les pâtisseries ou les tranches de gâteau sur des assiettes.

53. Nids Kataifi

Fait de 18 à 24 nids

Ingrédients:

- ½ livre (2 bâtonnets) de beurre non salé

- 1 tasse de miel

- Un paquet de 1 livre de kataifi surgelé

- sel de mer

Les directions:

a) Préchauffer le four à 375 °F.

b) Mélanger le beurre et le miel dans une grande casserole et chauffer à feu moyen-doux, en remuant jusqu'à ce que le beurre soit fondu. Fouetter pour combiner et réserver.

c) Dépliez le kataifi sur un plan de travail. Saisissez une extrémité d'un paquet de brins d'environ $\frac{1}{2}$ pouce d'épaisseur avec une main et utilisez votre autre main pour enrouler le kataifi autour des doigts (mais pas du pouce) de la main qui tient le kataifi. Lorsque vous avez presque complètement enroulé le kataifi autour de vos doigts, tournez l'extrémité libre dans le nid pour le fixer et placez-le sur une plaque à pâtisserie non graissée. Répétez avec le kataifi restant.

d) Cuire au four de 10 à 15 minutes, ou jusqu'à ce qu'ils soient dorés. Sortez les nids du four et badigeonnez-les de beurre au miel. Saupoudrer chacun de quelques flocons de sel.

e) Les nids resteront frais à température ambiante jusqu'à 3 jours.

f) Servir tiède ou frais avec une boule de Yogourt glacé à la mangue et au lassi, ou un autre yogourt glacé ou une crème glacée.

54. Crêpe en fonte

Donne 8 à 10 portions

Ingrédients:

- 4 cuillères à soupe ($\frac{1}{2}$ bâton) de beurre non salé

- 4 gros œufs, à température ambiante

- $\frac{3}{4}$ tasse de farine tout usage non blanchie

- $\frac{3}{4}$ tasse de lait entier

- Pincée de sel de mer fin

- 3 cuillères à soupe de beurre salé, fondu

- Sucre en poudre

- 1 citron

Les directions:

a) Préchauffer le four à 425 °F.

b) Mettez le beurre non salé dans une poêle en fonte de 10 pouces et placez-le au four pour préchauffer la poêle et faire fondre le beurre.

c) Pendant ce temps, battre les œufs dans un bol, puis ajouter la farine, le lait et le sel et remuer juste pour mélanger; la pâte doit encore être grumeleuse.

d) Lorsque le four est préchauffé, retirez délicatement la poêle chaude (à l'aide de gants de cuisine) et versez la pâte. Remettez immédiatement la poêle au four et faites cuire pendant 20 minutes, ou jusqu'à ce que la crêpe soit gonflée et dorée.

e) Sortir du four et verser le beurre salé fondu dessus. Saupoudrez de sucre glace et d'un peu de zeste de citron (utilisez une râpe Microplane), et pressez un peu de jus de citron sur le dessus.

f) Trancher, saupoudrer de sucre en poudre et servir immédiatement avec de la crème glacée ou du yogourt glacé.

55. Beignets de maïs Peoria

Pour 8 à 10 personnes

Ingrédients:

- 5 tasses d'huile végétale, pour la friture

- 2 tasses de sucre en poudre

- 2 épis de maïs frais ou $1\frac{1}{2}$ tasse de maïs surgelé décongelé

- 3 gros oeufs

- $1\frac{1}{2}$ tasse de lait entier ou 2%

- $2\frac{1}{2}$ tasses de farine auto-levante non blanchie

Les directions:

a) Chauffer l'huile dans une casserole de 4 pintes à feu moyen jusqu'à ce qu'elle atteigne 365°F.

b) Mettre le sucre en poudre dans un grand bol et réserver.

c) Si vous utilisez des épis de maïs frais, émincez les grains de l'épi, puis « traitez » l'épi en grattant avec le dos de votre couteau pour en extraire le liquide ; réserver 1 ½ tasse de grains et de liquide.

d) Casser les œufs dans un bol moyen et les battre avec une fourchette jusqu'à ce qu'ils soient uniformément jaunes.

e) Ajouter le lait et battre à la fourchette jusqu'à ce qu'il soit incorporé. Ajouter la farine et bien mélanger, puis ajouter le maïs et mélanger pour bien mélanger.

f) Lorsque l'huile a atteint 365 ° F, ou lorsqu'une goutte de pâte coule au fond et remonte rapidement avec des bulles tout autour, déposez 3 cuillerées de pâte dans l'huile, une à la fois et uniformément espacées.

g) Faites frire les beignets pendant 4 minutes, retournez-les et faites-les frire encore 4 minutes, jusqu'à ce qu'ils soient bien dorés.

h) À l'aide d'une écumoire, retirer de l'huile, égoutter quelques secondes sur du papier absorbant et saupoudrer de sucre glace. Répétez jusqu'à ce que vous ayez utilisé toute la pâte. Servir chaud.

56. Gaufres du marché du Nord

Donne 8 à 10 portions

Ingrédients:

- 2$\frac{1}{2}$ tasses de lait entier

- $\frac{1}{2}$ livre (2 bâtonnets) de beurre non salé, coupé en 16 morceaux

- 3 tasses de farine tout usage non blanchie ou de farine sans gluten

- 1 tasse de farine de blé entier ou de farine sans gluten

- 2 cuillères à soupe de sucre

- 2 cuillères à café de sel de mer fin

- 1 cuillère à soupe de levure instantanée

- 4 gros œufs, à température ambiante

- 2 cuillères à café d'extrait de vanille

Les directions:

a) Mélanger les farines, le sucre, le sel et la levure dans un grand bol. Ajouter le mélange de lait et fouetter jusqu'à consistance lisse.

b) Fouetter les œufs et la vanille dans un petit bol jusqu'à ce qu'ils soient combinés, puis ajouter à la pâte et fouetter jusqu'à ce qu'ils soient incorporés. Racler les parois du bol avec une spatule en caoutchouc et remuer jusqu'à consistance lisse.

c) Couvrir le bol d'une pellicule plastique et réfrigérer pendant au moins 12 heures et jusqu'à 24 heures.

d) Faites chauffer votre gaufrier (respectez toujours les instructions du fabricant). Sortez la pâte à gaufres du réfrigérateur. La pâte sera dégonflée ; fouettez-le pour le recombiner.

e) Utilisez environ $\frac{1}{2}$ tasse de pâte par gaufre dans un fer rond de 7 pouces ou environ 1 tasse dans un fer de 9 pouces sur 9 pouces.

f) Cuire les gaufres pendant 4 minutes, ou jusqu'à ce qu'elles soient dorées mais pas brunes, et non caramélisées ou grillées.

g) Servir immédiatement ou garder au
    chaud en une seule couche sur une grille
    dans un four à 200 °F pendant que vous
    faites cuire les gaufres restantes.

57. Empanadas sucrées

Pour 10 à 12 empanadas

Ingrédients:

Pâte

- 3 tasses de farine tout usage non blanchie

- 3 cuillères à soupe de sucre

- $\frac{3}{4}$ cuillère à café de sel de mer fin

- $\frac{1}{2}$ tasse de saindoux ou de shortening végétal de haute qualité

- 1 gros œuf battu

- 1 tasse de babeurre

Remplissage

- 1 livre de pommes, pêches, prunes ou abricots, pelées, évidées ou dénoyautées et coupées en dés, ou 1 livre de bleuets, mûres ou framboises

- $\frac{1}{2}$ tasse) de sucre

- $\frac{1}{4}$ cuillère à café de sel de mer fin

- 2 cuillères à soupe de jus de citron

- 1 cuillère à café de fécule de maïs

- Huile végétale pour friture

Les directions:

a) Pour faire la pâte, mélanger la farine, le sucre, le sel et le saindoux dans un robot culinaire et mélanger 10 à 15 fois jusqu'à ce que le mélange ressemble à des miettes grossières, avec quelques gros flocons de saindoux éparpillés partout.

b) Ajouter l'œuf battu en remuant doucement avec une fourchette, puis ajouter le babeurre et remuer doucement jusqu'à ce que le tout se rassemble. Façonner la pâte en boule et envelopper dans une pellicule plastique. Réfrigérer au moins 1 heure.

c) Pour faire la garniture, mélanger les fruits, le sucre, le sel, le jus de citron et la fécule de maïs dans une casserole moyenne et cuire à feu moyen, en remuant jusqu'à ce que le mélange épaississe légèrement. Retirer du feu et laisser refroidir.

d) Pour assembler les empanadas, sur une surface farinée, abaisser la pâte en un grand rectangle d'environ $\frac{1}{8}$ de pouce d'épaisseur. Utilisez un emporte-pièce de 4 ou 5 pouces pour découper 10 à 12 cercles dans la feuille.

e) Rassemblez sans serrer les restes, pétrissez fermement jusqu'à ce que la pâte se reforme, étalez comme avant et coupez des cercles supplémentaires; répéter au besoin.

f) Placer 2 à 2 $\frac{1}{2}$ cuillères à soupe de garniture au centre d'un rond de pâte. Plier la pâte en deux et sertir les bords pour sceller. Répéter avec les rondelles et la garniture restantes.

g) Chauffer l'huile végétale à 365°F dans une grande casserole profonde. En travaillant par lots, faites frire les empanadas, en les retournant une fois, pendant 2 à 4 minutes de chaque côté, jusqu'à ce que la pâte soit bien dorée.

h) Égoutter sur du papier absorbant et transférer dans une assiette dans un

four chaud pendant que vous faites cuire
le reste des empanadas. Servir chaud.

58. Pudding au pain à la crème glacée

Donne 8 à 10 portions

Ingrédients:

- 3 tasses de brioche, déchirée grossièrement

- 4 gros œufs, à température ambiante

- 1 litre de glace à la vanille restante, fondue

- $\frac{3}{4}$ tasse d'eau tiède

- 1 tasse de sucre

- Sauce Caramel au Whisky

Les directions:

a) Préchauffer le four à 350 °F.

b) Placer la brioche dans un plat allant au four de 9 x 13 pouces. Battre les œufs dans un grand bol. Ajouter la glace fondue, l'eau et le sucre et bien mélanger. Verser le mélange sur la brioche et laisser reposer 15 minutes.

c) Cuire au four pendant 35 minutes, ou jusqu'à ce que le dessus soit caramélisé.

Retirer du four, arroser de sauce et servir chaud.

59. Bananes Foster

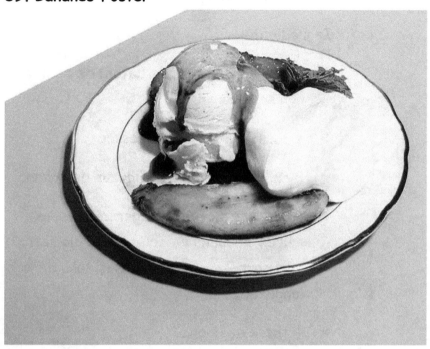

Donne 8 portions

Ingrédients:

- 4 cuillères à soupe ($\frac{1}{2}$ bâton) de beurre non salé, ramolli

- $\frac{1}{2}$ tasse de cassonade tassée

- 2 cuillères à soupe de liqueur de banane

- 4 bananes moyennes légèrement sous-mûres, coupées en deux sur le diamètre puis coupées en deux dans le sens de la longueur

- $\frac{1}{2}$ tasse de cognac

- Pincée de sel de mer fin

- Crème glacée à la vanille salée

Les directions:

a) Faire fondre le beurre dans une poêle épaisse de 10 pouces à feu doux. Ajouter la cassonade et remuer jusqu'à ce qu'elle soit uniformément humidifiée. Ajouter la liqueur de banane et porter à ébullition.

b) Ajouter les bananes et cuire, en les retournant une fois, pendant environ 30 secondes de chaque côté, en versant soigneusement la sauce sur les bananes pendant la cuisson.

c) Utilisez une grande spatule à fentes pour retirer les bananes et répartissez-les dans huit bols, en laissant autant de sauce que possible dans la poêle.

d) Porter la sauce à ébullition et ajouter délicatement le cognac. Si la sauce est très chaude, l'alcool s'enflammera puis brûlera momentanément ; si ce n'est pas le cas, laissez simplement mijoter pendant 3 à 4 minutes, jusqu'à ce que la sauce épaississe un peu et devienne sirupeuse. Ajouter le sel et remuer.

e) Verser la sauce piquante sur les bananes et servir immédiatement avec une boule de glace.

60. Fruits Pochés

Donne 8 portions

Ingrédients:

- 1 bouteille de vin blanc ou rouge ou 3 tasses d'eau

- 2 tasses de sucre

- Épices ou herbes au choix (j'adore la badiane en hiver, le basilic doux en été)

- 4 grosses poires ou pêches, ou 8 prunes, pelées, coupées en deux et dénoyautées, ou 16 abricots moyens, coupés en deux et dénoyautés, ou 50 cerises (environ 1 livre), dénoyautées

Les directions:

a) Mélangez le vin, le sucre et les épices ou les herbes, si vous en utilisez, dans une casserole de 4 pintes et faites chauffer jusqu'à ébullition à feu doux, en remuant pour dissoudre le sucre.

b) Placer délicatement les fruits préparés dans le liquide de pochage chaud et cuire, en retournant les fruits dans le liquide

au besoin, jusqu'à ce qu'ils soient
tendres.

c) À l'aide d'une écumoire, retirer
délicatement les fruits du liquide de
pochage et servir chaud, ou laisser
refroidir dans une assiette.

d) Une fois refroidis, les fruits peuvent
être conservés dans un contenant
hermétique, recouvert du liquide de
pochage, au réfrigérateur jusqu'à 3
jours.

61. Barres en J

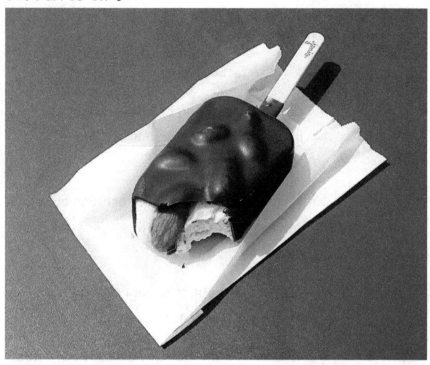

Donne 10 J-Bars

Ingrédients:

- ½ tasse Sauce Caramel Salée

- Crème glacée à la crème sucrée, ou 1 litre de crème glacée au choix, légèrement ramollie

- ½ tasse de noix fumées, grillées ou salées, telles que des amandes, des noix de pécan ou des arachides

- 12 onces de chocolat aigre-doux (au moins 60 % de cacao), haché

- ⅓ tasse d'huile de noix de coco raffinée

Les directions:

a) Tapisser une plaque à pâtisserie de papier ciré et la placer au congélateur. Mettre la sauce caramel dans un flacon souple et réfrigérer.

b) Remplissez deux moules à glace en silicone 5 barres avec la crème glacée et égalisez le dessus avec une spatule coudée. Insérez un bâton dans chaque moule. Couvrir de papier sulfurisé et congeler 30 minutes, juste pour raffermir légèrement la glace.

c) A l'aide du manche d'une petite cuillère, racler une petite tranchée au centre de chaque moule et remplir la tranchée de sauce caramel. Presser 3 à 5 morceaux de noix dans la crème glacée dans chaque moule. Recouvrir les moules de papier ciré et remettre au congélateur pour durcir complètement, 3 à 4 heures.

d) Mélanger le chocolat et l'huile de noix de coco dans un bain-marie et chauffer à feu moyen, en remuant, jusqu'à ce que tout le chocolat soit fondu et que l'huile de noix de coco soit complètement incorporée.

e) Retirer du feu, transférer dans un petit bol profond et laisser refroidir jusqu'à ce qu'il soit encore fluide mais pas chaud.

f) Retirez les J-Bars du congélateur et sortez-les du moule. Trempez chaque barre par le bâton dans le chocolat et comptez jusqu'à 3, puis retirez-la, permettant à l'excès de chocolat de s'égoutter dans le bol de chocolat, et placez la barre sur votre plaque à pâtisserie préparée.

g) Remettez les J-Bars au congélateur pour qu'ils durcissent pendant au moins 2 heures.

COCKTAILS

62. L'épée dans la pierre

Donne 1 verre

Ingrédients:

- tasse de gin

- 2 cuillères à soupe de liqueur de poire

- Une cuillère de 4 onces (environ $\frac{1}{4}$ de pinte) Sorbet Herbe De Blé, Poire & Vinho Verde

- 1 épée à cocktail

Les directions:

a) Agiter le gin et la liqueur de poire avec de la glace dans un shaker pour refroidir.

b) Placer la boule de sorbet dans un verre à martini (ou kingly goblet) réfrigéré.

c) Versez le mélange de gin sur le dessus et servez.

63. Rouge tes genoux

Donne 1 verre

Ingrédients:

- Un morceau de 4 onces (environ $\frac{1}{4}$ de pinte) Sorbet Framboise Rouge

- tasse de gin

- 1 à 2 onces d'eau gazeuse

- Torsade de citron vert

- brin de lavande

Les directions:

a) Appuyez le morceau de sorbet contre le bord d'un grand verre.

b) Versez le gin dessus et ajoutez de l'eau gazeuse à votre goût. Garnir d'un zeste de citron vert et d'un brin de lavande.

64. la dame du Lac

Donne 1 verre

Ingrédients:

- tasse de vodka ou de gin

- 2 cuillères à soupe Crème glacée à la crème sucrée

- Une cuillère de 4 onces (environ $\frac{1}{4}$ de pinte) Sorbet aux fruits à noyau

- 1 épée à cocktail

Les directions:

a) Agiter la vodka et la crème glacée dans un shaker jusqu'à ce que la crème glacée soit juste fondue et incorporée.

b) Placer la boule de sorbet dans un verre réfrigéré.

c) Versez la vodka tout autour et servez.

GARNITURE

65. Cônes de sucre

Ingrédients:

- 2 gros blancs d'oeufs
- $\frac{1}{2}$ tasse) de sucre
- 3 cuillères à soupe de lait entier
- $\frac{1}{2}$ cuillère à café d'extrait de vanille pure
- $\frac{1}{4}$ cuillère à café de sel
- $\frac{2}{3}$ tasse de farine tout usage
- $\frac{1}{4}$ cuillère à café de cannelle moulue (facultatif)
- 2 cuillères à soupe de beurre non salé, fondu
- 4 onces de chocolat mi-sucré ou noir (facultatif)

Les directions:

a) Battre les blancs d'œufs, le sucre, le lait, la vanille et le sel dans un petit bol. Ajouter la farine, la cannelle et le beurre. Fouetter jusqu'à ce qu'il soit complètement incorporé et que la pâte soit lisse.

b) Enduire légèrement une poêle antiadhésive d'une petite quantité d'aérosol de cuisson ou badigeonner légèrement d'huile neutre. Versez environ $2\frac{1}{2}$ cuillères à soupe de pâte dans la poêle froide et étalez-la en une couche mince et uniforme.

c) Placer la poêle sur feu moyen et cuire le disque pendant 4 à 5 minutes ou jusqu'à ce que le cône ait pris et soit légèrement doré sur le fond. Retournez délicatement le disque et poursuivez la cuisson 1 à 2 minutes.

d) Poser rapidement le disque de sucre sur un torchon propre et recouvrir d'un rouleau conique. À l'aide de la serviette et du rouleau à cône, roulez le disque en un cône et maintenez-le fermement le long de la couture pendant 1 à 2 minutes, jusqu'à ce que le cône refroidisse et durcisse.

e) Essuyez la poêle et répétez jusqu'à ce que toute la pâte soit utilisée.

f) Si vous souhaitez tremper les cornets dans du chocolat, tapissez une plaque de papier sulfurisé. Lorsque les cornets sont complètement refroidis, faites fondre le chocolat au micro-ondes par incréments de 30 secondes.

g) Tremper délicatement les pointes des cônes dans le chocolat et déposer sur le papier sulfurisé jusqu'à ce que le chocolat durcisse.

h) A conserver dans une boite hermétique à température ambiante, les cornets se conservent jusqu'à 1 semaine.

66. Marmelade ananas-habanero

Ingrédients:

- 1 ananas moyen, pelé et épépiné 2 piments habanero, tranchés finement
- 1 tasse de sucre
- Jus et zeste râpé de 2 citrons verts
- ¾ cuillère à café de sel casher
- 3 cuillères à soupe de vinaigre blanc

Les directions:

a) Râpez l'ananas sur les gros trous d'une râpe à boîte placée dans un grand bol. Réservez le jus.

b) Dans une grande casserole, mélanger l'ananas et son jus avec les piments, le sucre, le jus de lime et le sel. Porter à ébullition à feu moyen, puis baisser le feu pour maintenir une ébullition et ajouter le vinaigre.

c) Cuire en remuant de temps en temps jusqu'à ce que le mélange soit suffisamment épais pour enrober le dos de la cuillère, de 8 à 10 minutes. Retirer du feu, incorporer le zeste de citron vert et laisser refroidir.

d) Conservée dans un contenant hermétique
   au réfrigérateur, la marmelade se
   conserve jusqu'à 1 semaine.

67. Compote cerise-hibiscus

Ingrédients:

- 2 livres de cerises Bing fraîches ou surgelées, dénoyautées (environ $4\frac{1}{2}$ tasses)
- $\frac{3}{4}$ tasse de sucre
- $\frac{1}{2}$ tasse d'eau
- $\frac{3}{4}$ tasse de fleurs d'hibiscus séchées Une grosse pincée de sel casher

Les directions:

a) Dans une grande casserole à fond épais, mélanger tous les ingrédients.

b) Porter à ébullition à feu moyen, puis baisser le feu pour maintenir l'ébullition et cuire, en remuant de temps en temps, jusqu'à ce que le jus soit suffisamment épais pour enrober le dos de la cuillère, environ 10 minutes. Retirer du feu et laisser refroidir.

c) Conservée dans un contenant hermétique au réfrigérateur, la compote se conserve jusqu'à 1 semaine.

68. Caramel aux fruits de la passion

Ingrédients:

- 2 tasses de sucre
- $\frac{1}{2}$ tasse d'eau
- 2 cuillères à café de sirop de maïs léger
- 1⅓ tasse de purée de fruits de la passion
- 4 cuillères à soupe de beurre non salé, coupé en morceaux
- $\frac{1}{2}$ cuillère à café de sel casher

Les directions:

a) Dans une grande casserole à fond épais, mélanger le sucre, l'eau et le sirop de maïs. Porter à ébullition à feu moyen, en remuant pour dissoudre le sucre et en badigeonnant de temps en temps les parois de la casserole avec un pinceau à pâtisserie humide pour laver les cristaux de sucre.

b) Augmenter le feu à moyen-vif et laisser bouillir sans remuer jusqu'à ce que le sirop soit de couleur ambre foncé, environ 8 minutes. Retirez la casserole du feu.

c) Ajoutez délicatement la purée de fruits
    de la passion (elle bouillonnera et
    éclaboussera, alors faites attention
    lorsque vous la versez), le beurre et le
    sel et fouettez pour incorporer le plus
    possible (le caramel durcira un peu).
d) Mettre la poêle à feu moyen-doux,
    porter à ébullition et cuire en remuant
    jusqu'à ce que le caramel soit dissous et
    que la sauce soit lisse. Retirer du feu et
    laisser refroidir. Conservée dans un
    contenant hermétique au réfrigérateur,
    la sauce se conserve jusqu'à 10 jours.
e) Servir la sauce tiède ou à température
    ambiante.

69. Caramel au lait de chèvre

Ingrédients:

- 4 tasses de lait de chèvre ou une combinaison de lait de vache et de chèvre, de préférence non pasteurisé
- $1\frac{1}{4}$ tasse de sucre
- $\frac{1}{4}$ cuillère à café de bicarbonate de soude
- $\frac{1}{2}$ cuillère à café d'extrait de vanille pure
- Pincée de sel kasher

Les directions:

a) Dans une grande casserole à fond épais, mélanger le lait, le sucre et le bicarbonate de soude.

b) Porter à ébullition à feu vif, puis baisser le feu pour maintenir un frémissement vif et cuire, en remuant de temps en temps, jusqu'à ce que le mélange épaississe et prenne une couleur caramel foncé, 1 à $1\frac{1}{2}$ heures; remuez plus fréquemment à mesure que le mélange devient plus épais.

c) Transférer dans un bol résistant à la chaleur et laisser refroidir. Incorporer la vanille et le sel. Conservé dans une boîte hermétique au réfrigérateur, le caramel se conserve jusqu'à 10 jours.

70. Graines de citrouille confites

Ingrédients:

- 1 tasse de sucre
- 1 cuillère à café de sel casher
- 1 gros blanc d'oeuf
- 3 tasses de graines de citrouille

Les directions:

a) Préchauffer le four à 300°F. Enduire légèrement une plaque à pâtisserie à rebords d'un peu d'huile végétale ou la tapisser de papier parchemin.

b) Dans un petit bol, mélanger le sucre, le piment (si utilisé) et le sel. Dans un bol moyen, battre le blanc d'œuf avec une fourchette jusqu'à ce qu'il soit mousseux. Ajouter les graines de citrouille et le mélange de sucre et remuer jusqu'à ce que les graines soient enrobées uniformément.

c) Étaler les graines de citrouille sur la plaque à pâtisserie préparée et cuire au four, en remuant plusieurs fois, jusqu'à ce qu'elles soient grillées, de 10 à 12 minutes. Laisser refroidir à température ambiante.

d) Conservées dans un contenant hermétique dans un endroit frais et sec, les graines de citrouille se conservent jusqu'à 1 mois.

71. Chantilly vanille et tequila

Ingrédients:

- 1 tasse de crème épaisse froide
- 2 cuillères à soupe de sucre
- 1 gousse de vanille fendue dans le sens de la longueur ou 1 cuillère à café d'extrait de vanille pur

Les directions:

a) Placer un bol en inox et un fouet au congélateur et laisser refroidir 10 à 15 minutes.

b) Dans le bol refroidi, mélanger la crème et le sucre. Si vous utilisez une gousse de vanille, utilisez un couteau d'office pour gratter les graines des moitiés de gousse et ajoutez les graines au mélange de crème.

c) Avec le fouet refroidi, fouetter jusqu'à ce que la crème tienne des pics mous lorsque le fouet est levé.

d) Incorporer la tequila (et l'extrait de vanille, si vous en utilisez). Continuez à fouetter jusqu'à ce que la crème forme des pics moyennement fermes.

e) Utiliser immédiatement ou couvrir d'une pellicule plastique et réfrigérer jusqu'à 2 jours.

72. Noix de pécan caramélisées Piloncillo

Ingrédients:

- 8 onces de piloncillo, haché finement
- 1 morceau (1 pouce) de cannelle mexicaine
- ⅓tasse d'eau 3¼ tasses de moitiés de noix de pécan
- Huiler légèrement une plaque à pâtisserie à rebords.

Les directions:

a) Dans une casserole, mélanger le piloncillo, la cannelle et l'eau. Mettre la poêle à feu moyen et cuire, en remuant, jusqu'à ce que le piloncillo soit dissous et que le mélange soit bouillonnant, épais et doré, de 4 à 6 minutes.

b) Ajouter environ un tiers des pacanes et remuer pour enrober. Ajouter les pacanes restantes en deux autres lots, en remuant continuellement. Le piloncillo commencera à se cristalliser et aura l'air sablonneux.

c) Continuez à remuer jusqu'à ce que toutes les noix de pécan soient enrobées.

d) Verser les pacanes sur la plaque à pâtisserie préparée et les séparer avec une cuillère. Retirez le morceau de cannelle. Laisser refroidir à température ambiante.

e) Conservées dans un contenant hermétique dans un endroit frais et sec, les noix de pécan se conservent jusqu'à 3 semaines.

73. Mangues épicées

Ingrédients:

- 1 citron vert
- 1 livre de mangues mûres mais fermes
- 3 cuillères à café de sel casher
- 3 tasses de sucre
- 2 tasses d'eau
- $\frac{1}{4}$ tasse de sirop de maïs léger
- ⅓tasse de piments guajillo, piquín ou árbol moulus, ou une combinaison

Les directions:

a) A l'aide d'un économe, prélevez le zeste du citron vert en lamelles. Pressez le citron vert.

b) Épluchez les mangues et coupez la chair en gros morceaux ou quartiers. Dans un bol, mélanger les mangues avec 1 cuillère à café de sel et le jus de citron vert.

c) Dans une grande casserole, mélanger le sucre, l'eau, le sirop de maïs et le zeste de lime et porter à ébullition à feu moyen-vif.

d) Baisser le feu à moyen-doux, ajouter les morceaux de mangue et laisser mijoter doucement pendant 20 minutes, en remuant de temps en temps.

e) Retirer du feu, couvrir la casserole avec le couvercle ou un morceau d'étamine et laisser reposer une nuit à température ambiante.

f) Le lendemain, découvrez la casserole, mettez-la sur feu moyen et portez le sirop à ébullition.

g) Cuire 20 minutes en remuant de temps en temps et en ajustant le feu au besoin pour maintenir une ébullition. Retirer du feu, couvrir avec le couvercle ou l'étamine et laisser reposer une nuit à température ambiante.

h) Le troisième jour, découvrez à nouveau la casserole, mettez-la sur feu moyen et portez à ébullition. Cuire seulement 5 minutes en remuant de temps en temps, puis retirer du feu et laisser refroidir à température ambiante.

i) Une fois refroidi, utilisez une écumoire pour transférer les morceaux de mangue sur une grille posée sur une plaque à pâtisserie. Jeter le zeste de citron vert.

j) Laisser égoutter jusqu'à ce que les morceaux de mangue ne soient plus humides (ils seront collants), 8 à 10 heures.

k) Dans un bol, mélanger les piments moulus et les 2 cuillères à café de sel restantes. En travaillant par lots, mélanger les morceaux de mangue dans le mélange de chili jusqu'à ce qu'ils soient enrobés de tous les côtés.

l) Conservées dans un contenant hermétique dans un endroit frais et sec, les mangues se conservent jusqu'à 1 mois.

74. Garniture Crumble aux Amandes

Ingrédients:

- ½ tasse de farine tout usage
- ½ tasse d'amandes tranchées ou effilées
- ½ tasse de sucre glace
- tasse de cassonade, tassée ⅛ cuillère à café de sel
- cuillère à café de cannelle moulue
- 4 cuillères à soupe de beurre, réfrigéré et coupé en plusieurs morceaux

Les directions:

a) Préchauffer le four à 350 °F. Tapisser une plaque à pâtisserie de papier sulfurisé.

b) Mélanger la farine, les amandes, les sucres, le sel et la cannelle dans un robot culinaire et mixer jusqu'à ce que les amandes soient complètement brisées en poudre d'amandes et que le mélange soit bien combiné.

c) Ajouter le beurre et mélanger jusqu'à ce que le mélange ait une texture grossière et sableuse et qu'il ne reste plus de morceaux de beurre plus gros qu'un pois.

d) Transférer le mélange dans un grand bol. Si vous pressez fermement le mélange dans votre main, il devrait se coller en gros miettes allant de la taille d'un pois à une noix. Répartissez l'ensemble du mélange en crumbles de différentes tailles.

e) Transférer les miettes d'amandes sur la plaque à pâtisserie préparée.

f) Cuire au four environ 15 minutes en remuant légèrement avec une spatule toutes les 5 minutes, jusqu'à ce que le crumble soit légèrement doré et croustillant.

g) Une fois complètement refroidi, le crumble se conserve plusieurs jours dans un contenant hermétique.

Donne environ 2 tasses

Coupes glacées

75. Knickerbocker gloire

Ingrédients:

- fraises et cerises fraîches

- 2 boules de glace vanille

- 6 à 8 cuillères à soupe de gelée de fruits

- fraise ou sauce aux framboises

- 2 boules de glace à la fraise

- 1/2 tasse de crème épaisse, fouettée

- amandes effilées grillées

Les directions:

a) Disposer un peu de fruits frais au fond de deux coupes glacées réfrigérées. Ajouter une boule de glace vanille, puis un peu de gelée de fruits et un peu de coulis de fruits.

b) Ajoutez ensuite de la crème glacée à la fraise, puis plus de sauce aux fruits. Garnissez maintenant de crème fouettée, de fruits frais et de noix, suivis de plus de sauce et de quelques noix.

c) Remettre au congélateur pas plus de 30
    minutes ou manger immédiatement.
    Ceux-ci ne sont pas destinés à être
    conservés, alors préparez-vous au besoin.
d) C'est une bonne idée d'avoir une
    sélection d'ingrédients appropriés prêts
    avant de commencer, ainsi que des
    verres bien frais.

Pour 2 personnes

76. Pêche melba

Ingrédients:

- 4 grosses pêches mûres, pelées

- le zeste finement râpé et le jus d'1 citron

- 3 cuillères à soupe de sucre glace

- 8 boules de glace vanille

pour la sauce melba

- 1 1/2 tasse de framboises mûres

- 2 cuillères à soupe de gelée de groseille

- 2 cuillères à soupe de sucre extrafin

Les directions:

a) Couper les pêches en deux et retirer les noyaux. Bien emballer les moitiés de pêches dans un plat allant au four et les badigeonner de jus de citron. Saupoudrer généreusement de sucre glace. Placer le plat sous le gril préchauffé pendant 5 à 7 minutes ou jusqu'à ce qu'il soit doré et bouillonnant. Laisser refroidir.

b) Pour faire la sauce, réchauffer les framboises avec la gelée et le sucre, puis les passer au tamis. Laisser refroidir.

c) Disposer les pêches sur un plat de service avec 1 ou 2 boules de glace. Arroser de sauce melba et terminer avec des lambeaux de zeste de citron.

Pour 4 personnes

77. Cappuccino frappé

Ingrédients:

- 4 cuillères à soupe de liqueur de café

- 1/2 recette glace au café

- 4 cuillères à soupe de rhum

- 1/2 tasse de crème épaisse, fouettée

- 1 cuillère à soupe de cacao en poudre non sucré, tamisé

Les directions:

a) Verser la liqueur dans le fond de 6 verres ou tasses allant au congélateur, et bien refroidir ou congeler.

b) Préparez la glace comme indiqué jusqu'à ce qu'elle soit partiellement congelée. Incorporer ensuite le rhum avec un batteur électrique jusqu'à ce qu'il soit mousseux, verser immédiatement sur la liqueur congelée et congeler à nouveau jusqu'à ce qu'il soit ferme mais pas dur.

c) Versez la chantilly sur la glace. Saupoudrer généreusement de cacao en poudre et remettre au congélateur

quelques minutes jusqu'à ce que vous
soyez absolument prêt à servir.

Pour 6 personnes

78. Lassi glacé

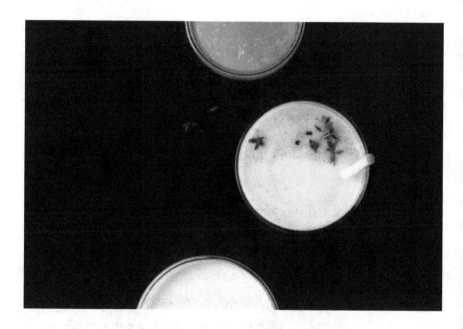

Ingrédients:

- 2 tasses de yogourt nature, partiellement congelé
- 1/2 tasse d'eau glacée
- 1/2 tasse de glaçons
- 4 cuillères à soupe de miel clair, et plus au goût
- muscade fraîchement râpée

Les directions:

a) Mettez le yaourt, l'eau glacée, les glaçons et le miel dans un robot culinaire ou un mélangeur. Mélanger jusqu'à ce qu'il soit mousseux et bien mélangé. Transférer dans de grands verres glacés et congeler pendant environ 30 minutes.

b) Servir avec un peu plus de miel au goût et saupoudrer de muscade fraîchement râpée.

Pour 1 personne

79. Flotteur à glace

Ingrédients:

- 2 tasses de soda citron-lime, réfrigéré
- 2 boules de glace vanille
- quelques mini-guimauves

Les directions:

a) Mettez 1 boule de crème glacée dans un grand verre à soda réfrigéré. Versez le soda lentement, car il va bouillonner au contact de la glace.

b) Ajouter la deuxième boule de glace et garnir de quelques petites guimauves. Servir immédiatement avec une longue cuillère à soda et des pailles.

Donne 1

80. Slush pastèque et fraise

Ingrédients:

- 1 tasse de glace pilée

- 1 tasse de fraises fraîches équeutées et coupées en deux

- 1 tasse de chair de pastèque (graines enlevées)

- 2 à 3 cuillères à soupe de sirop de fraise

- tranches de fruits frais, pour garnir

Les directions:

a) Placez tous les ingrédients (réservez quelques morceaux de fruits pour le service) dans un mélangeur ou un robot culinaire. Mélanger brièvement juste pour écraser tous les ingrédients en une neige fondue. Ne pas trop mélanger. Placer dans un récipient au congélateur jusqu'au moment de servir.

b) Au besoin, verser dans des verres hauts (ou des verres à martini) et servir garni de quelques morceaux de fruits.

Pour 1 personne

81. Smoothie glacé à l'abricot et à la grenade

Ingrédients:

- 1 tasse de yaourt nature ou à la pêche
- 2 tasses d'abricots mûrs hachés et dénoyautés
- 2 à 3 cuillères à soupe de miel clair
- quelques glaçons
- 1/2 grenade, brisée en graines et la peau blanche enlevée

Les directions:

a) Passer les grenades au tamis. Placez le yaourt, les abricots, le miel, les glaçons et le jus de grenade (réservez une cuillerée de graines) dans un mixeur ou un robot culinaire. Mélanger jusqu'à ce qu'il soit vraiment lisse.

b) Congeler brièvement (jusqu'à 30 minutes) ou déguster immédiatement, garni d'une cuillerée de graines de grenade.

Pour 2 personnes

82. Coupe glacée au chocolat et aux noix

Ingrédients:

- 1 cuillère crème glacée au chocolat riche

- 1 cuillère glace au beurre de noix de pécan

- 2 cuillères à soupe sauce au chocolat

- 2 cuillères à soupe de noix mélangées grillées

- flocons, boucles ou pépites de chocolat

Les directions:

a) Disposez les deux boules de glace dans un plat à gratin réfrigéré.

b) Arroser de sauce au chocolat puis saupoudrer de noix et de chocolat.

Pour 1 personne

83. Pops glacés enrobés de chocolat

Ingrédients:

- 1 recette glace à la vanille de luxe

- 1 recette sauce au chocolat

- noix ou pépites finement hachées

Les directions:

a) Réalisez la glace en boules de différentes tailles. Placez-les immédiatement sur du papier ciré et recongelez très soigneusement.

b) Préparez la sauce au chocolat et laissez-la dans un endroit frais (pas froid) jusqu'à ce qu'elle refroidisse mais sans épaississement.

c) Couvrir plusieurs plaques de papier ciré. Enfoncez un bâtonnet de popsicle au centre d'une boule de crème glacée et trempez-le dans le chocolat pour couvrir complètement. Tenez-le au-dessus du bol de chocolat jusqu'à ce qu'il ait fini de couler, puis placez-le sur le papier ciré propre.

d) Saupoudrez de noix ou de pépites colorées si vous le souhaitez. Mettre les glaces au congélateur et laisser durcir (plusieurs heures). Bien qu'elles se conservent plusieurs semaines, selon la variété de glaces utilisées, il vaut mieux les manger le plus tôt possible.

Donne 6 à 8

GLACÉES POUR ENFANTS

84. Bananes au chocolat surgelées

Ingrédients:

- 4 petites bananes fermes mais mûres
- 6 onces. chocolat au lait, coupé en morceaux
- 6 cuillères à soupe de crème épaisse
- 4 cuillères à soupe de jus d'orange

Les directions:

a) Congelez les bananes dans leur peau pendant environ 2 heures.

b) Faire fondre le chocolat dans une petite casserole avec la crème et le jus d'orange en remuant de temps en temps jusqu'à ce qu'il soit fondu et lisse. Verser dans un bol froid et laisser jusqu'à ce qu'il commence à épaissir et à refroidir. Ne le laissez pas devenir trop froid sinon il ne s'enrobera pas facilement.

c) Sortez les bananes du congélateur et enlevez soigneusement leur peau. Trempez chaque banane dans le chocolat pour bien l'enrober, puis retirez-la à l'aide d'une ou deux longues brochettes en bois. Tenez la banane au-dessus du bol pendant que l'excès de chocolat s'égoutte. Placez ensuite la banane sur du papier ciré jusqu'à ce que le chocolat prenne. Couper en 2 ou 3 morceaux et remettre au congélateur jusqu'au moment de servir.

d) Insérez un bâtonnet de popsicle dans chaque morceau pour servir, si vous le souhaitez.

e) Ces bananes se conservent mal et doivent être consommées le jour de leur fabrication.

Pour 4 personnes

85. Sandwich aux biscuits à la crème glacée

Ingrédients:

- 12 biscuits au chocolat
- 2 tasses de crème glacée à la vanille (ou autre saveur), ramollie

Les directions:

a) Placer les biscuits sur une plaque au congélateur.

b) Étalez la crème glacée ramollie dans une casserole ou un récipient plat à environ 1/2 pouce d'épaisseur et recongelez. Une fois ferme à nouveau, mais pas dur, coupez 6 cercles de crème glacée pour s'adapter aux biscuits. Transférer délicatement la crème glacée de la poêle sur 6 biscuits.

c) Garnir d'un deuxième biscuit. Presser pour bien sceller et congeler jusqu'au moment de manger. S'ils sont bien congelés, sortez-les du congélateur 10 à 15 minutes avant de vouloir les manger sinon ils seront très durs.

d) Mangez dans quelques jours.

Pour 6 personnes

86. Louches de fruits glacés

Ingrédients:

- 3 à 4 tasses (1 1/2 à 2 lb) de fruits frais fermes de bonne qualité (fraises, cerises, groseilles du Cap)

- 1 tasse de crème épaisse, sucrée et fouettée

- 3/4 tasse sauce aux framboises

- 3/4 tasse sauce à la mangue

- vermicelles de bonbons

Les directions:

a) Préparez les fruits simplement en les essuyant ou en les vérifiant, mais laissez-les sur leurs tiges ou tout ce qui pourrait les ramasser. Congelez-les séparément sur du papier ciré sur des plaques à pâtisserie pendant au moins 1 heure jusqu'à ce qu'elles soient glacées mais pas trop dures.

b) Disposez des bols de crème fouettée, de sauces à la framboise et à la mangue et des vermicelles.

c) Disposer les fruits glacés, avec des cure-dents, sur un grand plat de service et servir.

Pour 6 personnes

87. Gâteries collantes au caramel

Ingrédients:

- 1 tasse sauce au caramel

- 3 tasses de crème glacée à la vanille

- 4 cornets de sucre

Les directions:

a) Si vous avez une lignée de jeunes impatients, vous devrez être bien préparé.

b) Portez la sauce à température ambiante pour qu'elle soit épaisse mais facile à verser. Préparez la glace à l'aide d'une cuillère. Préparez des cônes dans un support.

c) Prenez 2 ou 3 cuillerées de sauce et étalez-la sur le dessus de la crème glacée. Sortez ensuite rapidement une boule de glace en faisant tourbillonner la sauce et mettez-la dans le cornet.

d) Répétez si vous voulez une deuxième cuillère sur le même cône. Ajouter un dernier filet de sauce sur le dessus. Sers immédiatement.

Pour 4 personnes

88. Glaçons fruités

Ingrédients:

- 1 tasse de framboises en purée
- 1 tasse de yaourt nature ou aux fruits

Les directions:

a) Mélanger les fruits et le yaourt ensemble. Versez dans de grands bacs à glaçons faciles à retirer ou dans des bacs à glaçons en forme de fruits. Lissez les sommets pour qu'ils soient complètement plats pour les aider à sortir facilement. Insérez de petits bâtons de popsicle, si vous le souhaitez.

b) Congeler pendant 3 à 4 heures ou toute la nuit. Démoulez sur une jolie assiette et servez avec des morceaux de fruits frais et des biscuits.

Donne 10 à 12 gros cubes

89. Pops glacés aux fruits

Ingrédients:

- 1 1/2 tasses de fruits frais râpés ou en purée (ananas, pêche, mangue)

- sucre au goût

- 1/2 tasse de concentré de jus d'orange

Les directions:

a) Mélanger la purée de fruits avec le sucre et le jus d'orange. Congeler dans des contenants de popsicle jusqu'à ce qu'ils soient partiellement congelés. Remuer une fois pour mélanger les fruits, puis recongeler jusqu'à ce qu'ils soient presque pris.

b) Placez un bâtonnet de popsicle au centre de chaque pop et congelez jusqu'à ce qu'il soit dur.

c) Mangez directement du congélateur. Mangez de préférence dès que possible ou congelez pas plus d'un mois dans des récipients couverts.

Pour 4 à 6 (selon la taille des moules)

90. Cupcakes Glacés

Ingrédients:

- 2 tasses glace à la fraise

- 6 cuillères à soupe de crème épaisse, fouettée

- 12 framboises fraîches

- vermicelles de bonbons

Les directions:

a) Placer 6 moules en papier ou en aluminium dans un moule à muffins. Si vous utilisez des moules en papier très fins, doublez-les pour un soutien supplémentaire.

b) Lorsque la crème glacée est à une consistance molle et cuillère, remplissez les moules et aplatissez les dessus. Remettre au congélateur jusqu'au moment de servir.

c) Pour servir, retirez les moules à pâtisserie si vous le souhaitez et placez les gâteaux glacés sur une assiette de service bien réfrigérée. Garnir chaque glace d'un peu de crème fouettée, de 2

framboises et d'un shake de vermicelles.
Remettre au congélateur jusqu'au
moment de déguster.

d) Ces petits gâteaux glacés ne se
conservent pas vraiment plus d'une
journée, alors essayez de n'en faire que
ce dont vous avez besoin.

Pour 6 personnes

91. Formes de yaourt croustillant

Ingrédients:

- 1 tasse de bon miel épais
- 3 tasses de yogourt grec épais
- 1 tasse de crème épaisse, légèrement fouettée
- 1 cuillère à café d'extrait de vanille pur
- vermicelles de bonbons

Les directions:

a) Réchauffez très légèrement le miel juste pour le ramollir. Incorporer le yaourt, la crème fouettée et la vanille, et verser dans un récipient peu profond pour congeler, en remuant avec une fourchette une ou deux fois.

b) Congeler pendant 1 heure, casser avec une fourchette et congeler pendant encore une heure jusqu'à ce qu'il soit ferme mais à la cuillère.

c) Tapisser une plaque à pâtisserie de papier antiadhésif. Placer des emporte-pièces en forme d'animal ou autres sur le moule et remplir de crème glacée en veillant à niveler les dessus.

d) Remettre rapidement au congélateur pendant 1 à 2 heures jusqu'à ce qu'il soit bien ferme.

e) Au moment de servir, poussez délicatement la crème glacée hors des moules sur une assiette glacée. Attendez 1 ou 2 minutes pour que la surface commence à se ramollir. Ensuite, à l'aide d'une ou deux brochettes en bois, plongez-les sur un ou deux côtés dans un bol de vermicelles.

f) Remettez immédiatement au congélateur, car ils vont commencer à fondre très rapidement.

g) Pour servir, insérez un bâtonnet de popsicle dans chacun.

Donne environ 6 à 10 formes selon les moules

GASTRONOMIE FRAÎCHE ET FRUITÉE

92. Romanoff glacé mûre & poire

Ingrédients:

- 1 tasse de purée de poire douce
- 1 tasse de crème épaisse, fouettée
- 1 tasse de yogourt à la grecque épais
- le zeste finement râpé d'1 citron
- 1 tasse de petites meringues grossièrement émiettées
- 1 tasse de mûres mûres sucrées

Les directions:

a) Dans un grand bol, mélanger la purée de poire, la crème fouettée, le yogourt et le zeste de citron. Ajoutez un peu de sucre au goût si vous le souhaitez, ou si les mûres ne sont pas trop sucrées.

b) Incorporez maintenant les meringues émiettées et enfin les mûres en mélangeant le moins possible. Verser dans un récipient surgélateur et congeler 1 à 2 heures. Ne pas remuer pendant la congélation.

c) Pour servir, versez délicatement le
mélange sur une assiette de service avec
quelques baies supplémentaires.

Donne 2 pintes

93. Glace tourbillon à la pêche et aux fruits de la passion

Ingrédients:

- 1 1/4 tasse de crème épaisse
- 1 cuillère à café d'extrait de vanille pur
- 2 gros oeufs
- 1/4 tasse de sucre extrafin ou au goût
- 2 cuillères à café de fécule de maïs
- 1 cuillères à soupe d'eau
- 4 grosses pêches bien mûres
- jus et zeste finement râpé d'1 orange
- 4 fruits de la passion mûrs

Les directions:

a) Dans une petite casserole porter la crème et la vanille à ébullition. Retirer du feu. Dans un bol, fouetter les œufs et le sucre jusqu'à ce qu'ils soient très pâles et légèrement épaissis. Fouetter un peu de crème dans les œufs jusqu'à homogénéité, puis passer dans la casserole.

b) Mélanger la fécule de maïs avec l'eau jusqu'à consistance lisse. Incorporez-le au mélange de crème et d'œufs et remettez la casserole sur le feu. Ne faites pas bouillir, mais lorsque le mélange commence à épaissir, remuez constamment jusqu'à ce qu'il recouvre le dos d'une cuillère. Laisser refroidir en remuant de temps en temps.

c) Placer les pêches dans l'eau bouillante pendant environ 1 minute ou jusqu'à ce que la peau se décolle facilement. Mixer ou réduire en purée la chair avec le jus et le zeste d'orange et filtrer si besoin. Répartir la chair des fruits de la passion dans un petit bol. Mélanger délicatement la crème pâtissière refroidie et la purée de pêches.

d) Mettre dans une sorbetière et traiter selon les instructions du fabricant, ou utiliser le méthode de mélange à la main.

e) Lorsqu'il est presque ferme, transférez-le dans un récipient pour congélateur et incorporez la plupart des fruits de la passion. Congeler jusqu'à ce qu'il soit ferme ou requis. Cette glace peut être congelée jusqu'à 1 mois.

f) Attendez environ 15 minutes pour ramollir avant de servir avec un peu plus de fruits de la passion versés sur le dessus.

Donne 1 1/2 pintes

94. Soufflés glacés aux abricots

Ingrédients:

- jus et zeste finement râpé d'1 orange
- 2 enveloppes (1/4 oz) de gélatine sans saveur
- 3 œufs moyens, séparés, plus 2 autres blancs
- 1/2 tasse de sucre ultrafin
- 1 cuillère à café d'extrait de vanille pur
- 1 tasse de crème à fouetter
- 4 cuillères à soupe de liqueur d'amaretto
- 1 tasse de purée d'abricot
- 3/4 tasse de cassis (frais ou surgelés)
- 2 à 3 cuillères à soupe de sucre extra-fin

Les directions:

a) Préparez 4 ramequins en enroulant une bande de papier ciré autour de l'extérieur de chacun, jusqu'à environ 2 pouces au-dessus des bords; fixer avec du ruban adhésif. Graisser légèrement le papier et l'intérieur des plats.

b) Faites chauffer le jus d'orange dans une petite casserole, saupoudrez de gélatine et laissez dissoudre. Cool. Mettez le zeste d'orange, les jaunes, le sucre et la vanille dans un grand bol.

c) Fouetter jusqu'à ce qu'il soit vraiment épais, pâle et crémeux. Refroidir légèrement. Dans un autre bol, fouetter les blancs d'œufs jusqu'à ce qu'ils soient fermes et forment presque des pics. Dans un troisième bol, fouetter la crème jusqu'à ce qu'elle soit ferme et conserve sa forme.

d) Incorporer le mélange de gélatine, avec l'Amaretto, dans les jaunes battus. Incorporez ensuite la chantilly, la purée d'abricots et enfin les blancs d'œufs. Lorsqu'ils sont légèrement mais bien mélangés, versez dans les ramequins, lissez le dessus et congelez pendant 2 à 3 heures.

e) Pour faire la sauce, faites chauffer tous les cassis sauf quelques-uns dans une casserole avec le sucre; cuire 4 à 5 minutes. Passez au tamis pour retirer toutes les graines, si vous le souhaitez, puis ajoutez les cassis entiers dans la poêle. Mettre de côté.

f) Pour servir, sortir les ramequins du congélateur 10 minutes avant de déguster, décoller le papier et faire un trou au centre du dessus. Faites chauffer la sauce au dernier moment et versez-en un peu au milieu. Servez le reste à part.

95. Parfait aux pommes et prunes

Ingrédients:

- 3 grosses prunes sucrées mûres
- 2 cuillères à soupe de sucre demerara
- 4 cuillères à soupe d'eau
- 2 pommes sucrées
- 1 tasse de sucre granulé
- jus et zeste finement râpé d'1/2 citron
- 5 jaunes d'oeufs
- 1/2 tasse plus 2 cuillères à soupe de crème épaisse

Les directions:

a) Dénoyautez et hachez grossièrement les prunes, et mettez-les dans une petite casserole avec le sucre demerara et l'eau. Laisser mijoter doucement jusqu'à ce que les prunes soient tendres mais ne tombent pas en morceaux.

b) Mettez de côté la moitié des prunes au frais, puis ajoutez les pommes pelées, évidées et râpées dans la casserole. Continuez la cuisson jusqu'à ce que les fruits soient suffisamment tendres pour être mélangés ou écrasés. Refroidir complètement.

c) Chauffer lentement le sucre cristallisé avec le jus de citron dans une autre petite casserole jusqu'à ce que le sucre soit dissous. Faire bouillir 2 à 3 minutes, puis retirer du feu. Battre les jaunes d'œufs dans un grand bol jusqu'à ce qu'ils aient doublé de volume. Incorporer ensuite lentement le sirop de sucre au citron et le zeste de citron, et continuer à fouetter jusqu'à consistance épaisse et crémeuse. Refroidir complètement.

d) Lorsque la purée de fruits et le mélange d'œufs sont froids, fouettez la crème jusqu'à ce qu'elle forme des pics. Incorporer délicatement d'abord le mélange de fruits puis la crème fouettée aux jaunes d'œufs battus. Verser dans un petit récipient pour congélateur et congeler jusqu'à ce qu'il soit gelé sur les côtés.

e) Battre avec une fourchette jusqu'à consistance lisse, puis congeler jusqu'à consistance ferme mais pas dure.

f) Pour servir, mettez une cuillerée des prunes cuites réservées dans le fond de verres réfrigérés, ajoutez quelques boules de parfait et garnissez avec plus de prunes. Servir immédiatement ou réfrigérer brièvement.

96. Crème glacée à la banane

Ingrédients:

- 4 bananes mûres et plus pour servir

- jus de 1 citron

- 6 cuillères à soupe de miel clair

- 1 cuillère à café d'extrait de vanille pur

- 1 tasse de crème pâtissière à la vanille maison ou du commerce

- 1 tasse de crème épaisse, doucement fouettée, et plus pour servir

- éclats de caramel

Les directions:

a) Dans un mélangeur ou un robot culinaire, mélanger les bananes avec le jus de citron, le miel et la vanille jusqu'à consistance crémeuse. Incorporer uniformément le mélange à la crème pâtissière, puis incorporer la crème fouettée.

b) Verser le mélange dans un récipient pour congélateur. Congeler pendant 1 heure, puis casser avec une fourchette jusqu'à ce qu'il soit à nouveau lisse. Remettre au congélateur jusqu'à consistance ferme ou jusqu'au moment de servir.

c) Servez des boules de crème glacée avec plus de tranches de banane et de crème fouettée et un peu d'éclats de caramel.

d) Cette glace se congèle jusqu'à 1 mois.

e) Sortir du congélateur 15 minutes ou plus avant de servir pour ramollir légèrement.

Pour 6 personnes

97. Sorbet aux fruits tropicaux

Ingrédients:

- 2 tasses de fruits tropicaux mûrs pelés et hachés (goyave, ananas, mangue, papaye)

- 1 tasse sirop de sucre

- 2 citrons verts

- 1 tasse de lait entier ou de babeurre

Les directions:

a) Réduire en purée ou mixer les fruits tropicaux, puis passer au tamis fin si vous aimez une texture vraiment onctueuse.

b) Incorporer le sirop de sucre, le zeste finement râpé d'1 citron vert et le jus des deux, et le lait. Verser dans un récipient pour congélateur et congeler à l'aide duméthode de mélange à la main, se rompant deux ou trois fois pendant la congélation.

c) Congeler jusqu'à ce qu'il soit ferme, puis répartir dans de petites coquilles d'ananas ou des plats de service coupés en deux et saupoudrer de muscade fraîchement râpée. Servir avec de petits fruits tropicaux tels que du litchi, des raisins ou des lambeaux de noix de coco fraîche grillée.

d) Cette glace peut être congelée jusqu'à 1 mois. Sortir du congélateur 10 minutes avant de servir pour ramollir.

Donne environ 1 1/2 pintes

98. Délice glacé à la rhubarbe

Ingrédients:

- 3 tasses de rhubarbe hachée et parée
- 1/2 tasse de sucre ultrafin
- 1 à 2 cuillères à café d'extrait de vanille pure
- 1/4 cuillère à café de cannelle moulue
- 1 tasse de crème épaisse, fouettée
- 1 tasse de yaourt nature

Les directions:

a) Mettre la rhubarbe, le sucre et la vanille dans une petite casserole et laisser mijoter environ 8 minutes jusqu'à ce qu'ils soient très tendres. Alternativement, cuire au micro-ondes à puissance moyenne pendant 3 ou 4 minutes, en remuant de temps en temps.

b) Réduire les fruits en purée, incorporer la cannelle et réserver jusqu'à ce qu'ils soient froids.

c) Mélanger la purée de rhubarbe, la chantilly et le yaourt.

d) Verser dans le bol d'une sorbetière et mélanger, en suivant les instructions du fabricant, ou verser dans un récipient pour congélateur et congeler comme indiqué.

e) Lorsque la crème glacée est ferme, congelez-la brièvement avant de servir ou jusqu'à ce que vous en ayez besoin.

f) Cette glace peut être congelée jusqu'à 3 mois. Sortir du congélateur 15 minutes avant de servir pour ramollir légèrement.

Donne environ 2 1/4 pintes

99. Glace au gingembre frais

Ingrédients:

- 2 tasses de crème épaisse
- 1 tasse de lait entier
- $\frac{3}{4}$ tasse de sucre
- 1 morceau de racine de gingembre frais (3 pouces), pelé et haché grossièrement
- 1 œuf large
- 3 gros jaunes d'oeufs
- 1 cuillère à café d'extrait de vanille

Les directions:

a) Mélanger la crème, le lait, le sucre et le gingembre dans une grande casserole. Porter à ébullition en remuant jusqu'à ce que le sucre soit dissous.

b) Retirer du feu. Couvrir et laisser refroidir à température ambiante. Filtrer le mélange pour retirer toute la racine de gingembre.

c) Ramener le mélange de lait à ébullition.

d) Battre ensemble l'œuf et les jaunes d'œufs dans un grand bol. Lorsque le mélange de lait frémit, retirez du feu et versez-le très lentement dans le mélange d'œufs pour le tempérer tout en fouettant constamment.

e) Lorsque tout le mélange de lait a été ajouté, remettez-le dans la casserole et poursuivez la cuisson à feu moyen en remuant constamment, jusqu'à ce que le mélange ait suffisamment épaissi pour enrober le dos d'une cuillère, 2 à 3 minutes. Retirer du feu et incorporer la vanille en fouettant.

f) Couvrir le mélange de lait et laisser refroidir à température ambiante, puis réfrigérer jusqu'à ce qu'il soit bien refroidi, 3 à 4 heures, ou toute la nuit.

g) Verser le mélange refroidi dans une sorbetière et congeler comme indiqué.

h) Transférer la crème glacée dans un récipient allant au congélateur et placer au congélateur. Laisser raffermir 1 à 2 heures avant de servir.

100. Crème glacée à la pêche fraîche

Ingrédients:

- 2 cuillères à soupe de gélatine sans saveur
- 3 tasses de lait, divisé
- 2 tasses de sucre granulé
- 1/4 cuillère à café de sel
- 6 œufs
- 1 1/2 tasses moitié-moitié
- 1 petite boîte de pouding instantané à la vanille
- 1 cuillère à soupe d'extrait de vanille
- 4 tasses de pêches écrasées

Les directions:

a) Faire ramollir la gélatine dans 1/2 tasse de lait froid. Ébouillanter encore 1 1/2 tasse de lait. Incorporer le mélange de gélatine jusqu'à dissolution. Ajouter le sucre, le sel et 1 tasse de lait restant.

b) Battre les œufs à grande vitesse pendant 5 minutes.

c) Ajouter moitié-moitié, le mélange à pouding, l'extrait de vanille et le mélange de gélatine. Bien mélanger. Incorporer les pêches.

d) Congeler dans un congélateur à crème
    glacée selon les instructions du fabricant.
    Mûrir pendant 2 heures.

Donne 1 gallon

CONCLUSION

Les glaces que vous préparerez à partir de
ce livre sont aussi délicieuses que celles que
nous préparons dans nos cuisines
professionnelles : totalement crémeuses et
savoureuses, avec des couches de saveur.

J'espère que vous vous plongerez dans ce
livre et vous l'approprierez. Préparez et
mangez ces recettes encore et encore et
soyez positivement ravi des résultats.
Goutte à goutte, bruine et marque les pages
à volonté !

CPSIA information can be obtained
at www.ICGtesting.com
Printed in the USA
BVHW092130270322
632588BV00002B/14

9 781804 651452